JEDNODUŠE
MOŘSKÉ PLODY

100 CHUTNÝCH A UDRŽITELNÝCH
RECEPTŮ NA MOŘSKÉ PLODY

Soňa Svatoňová

OBSAH

OBSAH...3

ÚVOD..7

HUMR...8

   1. HUMR THERMIDOR S OMÁČKOU NEWBURG.....................9

   2. ZÁVITEK Z MAINSKÉHO HUMRA.....................................12

   3. VYCPANÝ HUMR TERMIDOR..15

   4. HUMR S VANILKOU...18

KREVETY..20

   5. PIKANTNÍ GRILOVANÉ KREVETY....................................21

   6. GRILOVANÉ BYLINKOVÉ KREVETY.................................24

   7. KREVETY A BROCHETTE...27

   8. KREVETOVÉ BALÍČKY...29

   9. BAZALKOVÉ KREVETY..31

   10. GRILOVANÉ KREVETY BALENÉ VE SLANINĚ..................33

   11. GRILOVANÉ KREVETY...35

   12. PEČEME KREVETY Z ALABAMY....................................37

   13. TÉMĚŘ KREVETY PAESANO.......................................40

   14. RIZOTO S FAZOLEMI A KREVETAMI.............................42

   15. PIVNÍ - GRILOVANÉ KREVETY.....................................45

   16. VAŘENÉ KREVETY ZE ZÁLIVU....................................47

   17. RÉMOULADOVÁ OMÁČKA...49

   18. KALIFORNIE SCAMPI...51

   19. ŠAMPAŇSKÉ KREVETY A TĚSTOVINY.........................53

   20. KOKOSOVÉ KREVETY S ŽELÉ JALAPEÑO......................56

   21. KOKOSOVÉ KREVETY TEMPURA.................................58

   22. CORNSICLES S KREVETAMI A OREGANEM.....................61

   23. KRÉMOVÉ KREVETY PESTO.......................................64

24. DELTA KREVETY...66

25. KRÉMOVANÉ KREVETY.......................................68

26. KÁNOE Z LILKU..70

27. ČESNEKOVÉ KREVETY..73

28. GRILOVANÉ MARINOVANÉ KREVETY........................76

29. TEXASKÉ KREVETY..79

30. ŠPÍZY Z HAVAJSKÝCH KREVET..............................81

31. MEDOVO-TYMIÁNOVÉ GRILOVANÉ KREVETY.............83

32. MARINÁDA Z PEČENÉHO ČESNEKU........................86

33. HORKÉ A PIKANTNÍ KREVETY...............................88

34. ITALSKÉ GRILOVANÉ KREVETY.............................91

35. JERK KREVETY SE SLADKOU JAMAJSKOU RÝŽÍ..........93

36. CITRONOVO-ČESNEKOVÉ GRILOVANÉ KREVETY.........95

37. LIMETKOVÝ PEPŘ KREVETY.................................97

38. LOUISIANA KREVETOVÁ ESPLANÁDA......................99

39. MALIBU MÍCHANÉ KREVETY...............................101

40. PEČENÉ KREVETY...103

41. OPRAVDU SKVĚLÝ KREVETOVÝ SALÁT...................105

42. M-80 ROCK SHRIMP.......................................107

43. PŘÍPITEK MĚSTA..111

44. KREVETY A LA PLANCHA NAD ŠAFRÁNOVÝMI TOASTY ALLIOLI...........114

45. KREVETOVÉ KARI S HOŘČICÍ..............................118

46. KREVETOVÉ KARI..120

47. KREVETY V ČESNEKOVÉ OMÁČCE.......................123

48. KREVETY V HOŘČIČNÉ SMETANOVÉ OMÁČCE.........125

49. GAZPACHO..127

50. KREVETY LINGUINE ALFREDO............................130

51. MARINARA S KREVETAMI.................................132

52. KREVETY NEWBURG.......................................134

53. PIKANTNÍ MARINOVANÉ KREVETY.......................136

54. PIKANTNÍ SINGAPURSKÉ KREVETY......................139

55. STARLIGHT KREVETY......................................141

CHOBOTNICE...143

56. Chobotnice na červeném víně....................................144

57. Nakládaná chobotnice..147

58. Chobotnice Vařené Ve Víně.....................................150

59. Sicilská grilovaná malá chobotnice......................152

HRUBANY..155

60. Koláč z mořských plodů.......................................156

61. Pečené mušle s česnekovou omáčkou................159

62. Provensálské mušle...161

63. Hřebenatky s omáčkou z bílého másla...............163

TRESKÉRKA...166

64. Treska jednoskvrnná s bylinkovým máslem.........167

65. Cajun kořeněná treska jednoskvrnná.................170

66. Polévka z tresky jednoskvrnné, pórku a brambor.......172

67. Uzená treska jednoskvrnná a rajčatové chutney......174

LOSOS...177

68. Kouzelný pečený losos...178

69. Losos s granátovým jablkem a quinoou..............180

70. Pečený losos a sladké brambory.........................183

71. Pečený losos s omáčkou z černých fazolí............187

72. Paprikový grilovaný losos se špenátem...............190

73. Lososové teriyaki se zeleninou............................193

74. Losos na asijský způsob s nudlemi.....................197

75. Pošírovaný losos v rajčatovém česnekovém vývaru............200

76. Pošírovaný losos...203

77. Pošírovaný losos se zelenou bylinkovou salsou......205

78. Studený salát z pošírovaného lososa.................208

79. Pošírovaný losos s lepkavou rýží........................212

80. Citrusový filet z lososa...216

81. Lososové lasagne...219

82. Teriyaki filety z lososa...223

83. Křupavá kůže z lososa s kaparovým dresinkem........226

84. Filet z lososa s kaviárem.....................................229

85. Steaky z lososa na grilu z ančovičky......................233

86. BBQ kouřově grilovaný losos.............................236

87. Losos grilovaný na dřevěném uhlí a černé fazole..............239

88. Firecracker grilovaný aljašský losos....................243

89. Flash grilovaný losos...................................246

90. Grilovaný losos a těstoviny s chobotnicí...................249

91. Losos s grilovanou cibulkou.............................252

92. Losos z cedrových prken..................................256

93. Losos s uzeným česnekem................................259

94. Grilovaný losos s čerstvou broskví........................261

95. Uzený losos a smetanový sýr na toastu.....................265

96. Zázvorový grilovaný lososový salát.......................268

97. Grilovaný losos s fenyklovým salátem....................271

98. Grilovaný losos s bramborem a řeřichou....................274

MEČOUN..**278**

99. Mandarinský sezamový mečoun.........................279

100. Pikantní steaky z mečouna............................282

ZÁVĚR...**284**

ÚVOD

Jen málo věcí v životě chutná na vašem jazyku tak lahodně a božsky jako čerstvě uvařený nebo odborně připravený humr, kreveta nebo talíř s tuňákem. Pokud jste nikdy nepoznali chuť kraba nebo mořských plodů, které se rozplývají v ústech, tato kniha je pro vás!

Existuje tolik chutných způsobů, jak začlenit mořské plody do přípravy jídla. Je to zdravý a chutný způsob, jak jíst štíhlé, syté bílkoviny a páteř středomořské stravy.

Níže uvedené recepty zahrnují lososa, krevety, mušle, chobotnice a tresku jednoskvrnnou. Každý recept je relativně jednoduchý na přípravu a plný neuvěřitelné chuti. Pro každého je tu něco, od smažené rýže s krevetami přes lososové pesto až po dokonale upečené mušle

HUMR

1. Humr Thermidor s omáčkou Newburg

Ingredience
Omáčka
- 3 lžíce másla
- 1 šálek šťávy z mušlí
- 1/4 až 1/2 šálku mléka
- 1/2 lžičky papriky
- Špetka soli
- 3 lžíce sherry
- 2 lžíce univerzální mouky
- 4 lžíce světlé smetany

Humr
- 5 uncí humřího masa, nakrájeného na 1-palcové kousky
- 1 polévková lžíce jemně nakrájeného pimentos
- 1/2 šálku tlustých nakrájených hub
- 1 lžíce nasekané pažitky
- Máslo na restování
- 1 lžíce sherry

Newburgská omáčka
- 1/2 až 1 šálek strouhaného sýra Cheddar
- Předehřejte troubu na 350 stupňů F.

Pokyny
a) Na středně mírném plameni rozpustíme máslo. Po úplném rozpuštění přidejte papriku a míchejte 2 minuty. Do másla přidejte mouku a míchejte 2 až 3 minuty, aby se jíška uvařila. Neustále míchejte, aby nedošlo k připálení. Přidejte šťávu ze škeblí a míchejte, dokud

nezačne houstnout. Přidejte 1/4 šálku mléka, světlou smetanu a sherry. Vařte 5 minut a v případě potřeby přidejte zbývající 1/4 šálku mléka.

b) Na středním plameni rozpustťte tolik másla, aby lehce pokrylo dno těžké velké pánve na restování. Do pánve vložte humra, pažitku, koření a houby a míchejte 3 až 4 minuty. Zvyšte teplotu na vysokou a přidejte sherry, aby se pánev rozmazala. Buďte opatrní, protože sherry se může vznítit, když se spálí alkohol.

c) Vmíchejte 4 unce omáčky Newburg a míchejte 1 minutu. Nalijte do kastrolu pro jednu porci a posypte sýrem. Pečte asi 5 minut nebo dokud se sýr nerozpustí a nezměkne.

2.   Závitek z mainského humra

Ingredience

- Čtyři humři o hmotnosti 1 až 1 1/4 libry
- 1/4 šálku plus 2 lžíce majonézy
- Sůl a čerstvě mletý pepř
- 1/4 šálku jemně nakrájeného celeru
- 2 lžíce čerstvé citronové šťávy
- Špetka kajenského pepře
- 4 nahoře dělené housky s párkem v rohlíku
- 2 lžíce nesoleného másla, rozpuštěného
- 1/2 šálku drceného bostonského salátu

Pokyny

a) Připravte si velkou ledovou vodní lázeň. Ve velmi velkém hrnci s vroucí osolenou vodou vařte humry, dokud nebudou jasně červené, asi 10 minut. Pomocí kleští ponořte humry na 2 minuty do lázně s ledovou vodou a poté je sceďte.

b) Odřízněte humří ocasy a drápy a vyjměte maso. Odstraňte a zlikvidujte střevní žílu, která vede po délce každého humřího ocasu. Humří maso nakrájejte na 1/2-palcové kousky a osušte, poté přendejte do cedníku umístěného nad mísou a chlaďte, dokud nebude velmi studený, alespoň 1 hodinu

c) Ve velké míse smíchejte humří maso s majonézou a dochuťte solí a pepřem. Vmíchejte na kostičky nakrájený celer, citronovou šťávu a kajenský pepř, dokud se dobře nespojí.

d) Rozpalte velkou pánev. Boky hot dogů potřete rozpuštěným máslem a na mírném ohni opečte z obou stran dozlatova. Hot dogy přendejte na talíře, naplňte je nakrájeným salátem a humřím salátem a ihned podávejte.

3.   Vycpaný humr termidor

Ingredience

- 6 (1 libra) zmrazených humřích ocasů
- 10 lžic másla, rozpuštěného
- 1 šálek nakrájených čerstvých hub
- 4 lžíce mouky
- 1 lžička suché hořčice
- 2 čárky mletého muškátového oříšku
- 2 čárky kajenského pepře
- 1 lžička soli
- 1 šálek mléka
- 1 šálek půl na půl
- 2 žloutky, mírně rozšlehané
- 1 lžička citronové šťávy
- 2 lžíce sherry vína
- 1/2 šálku jemné strouhanky
- 2 lžíce strouhaného parmazánu

Pokyny

a) Předehřejte troubu na 450 stupňů F.

b) Umístěte humří ocasy do velkého hrnce s vroucí vodou a přikryjte. Vařte do měkka, asi 20 minut; vypustit.

c) Každý ocas rozřízněte podélně napůl a humří maso nakrájejte na kostičky. Odložte prázdné humří ocasy.

d) Nalijte 1/4 šálku másla do hrnce; přidáme houby a restujeme, dokud lehce nezhnědnou. Vmícháme mouku a vmícháme koření. Do směsi postupně přidávejte mléko a půl na půl za stálého míchání, dokud nezhoustne. Za stálého míchání přidejte malé množství horké směsi k vaječným žloutkům; poté vraťte žloutkovou směs do smetanové omáčky, znovu za stálého míchání a vařte do zhoustnutí. Vmíchejte citronovou šťávu, sherry a humří maso; lžíce do skořápek humra. Smíchejte strouhanku, parmazán a zbývající máslo; posypeme plněnými humřími ocasy. Umístěte na plech a pečte při 400 stupních F po dobu 15 minut.

Slouží 6.

4. Humr s vanilkou

Ingredience

- Živé 1 1/2 libry humra na osobu
- 1 cibule
- 1 stroužek česneku
- Rajčata zbavená kůže a nakrájená nadrobno
- Trochu vína nebo rybího vývaru
- Máslo
- Sherry
- Vanilkový extrakt
- kajenský pepř

Pokyny

a) Nakrájejte humra na polovinu. Rozdrťte drápy a prořízněte ocas skrz klouby. V těžké pánvi rozpustíme kousek másla, orestujeme cibuli a česnek doměkka. Přidejte kousky humra a vařte, dokud nezčervenají, než je vyndejte na teplé místo.

b) Nyní zvyšte teplotu a přidejte zbytek ingrediencí, kromě vanilky, másla a kajenského pepře. Rajčata zredukujte, dokud z nich nebude bublající kaše, pak stáhněte plamen a po kouscích přidejte máslo a míchejte, aby se omáčka neoddělovala.

c) Nakonec přidejte půl lžičky vanilky a šejk cayenne. Omáčkou přelijeme humra a podáváme s rýží.

KREVETY

5. Pikantní grilované krevety

Slouží 6

Ingredience

- 1/3 šálku olivového oleje
- 1/4 šálku sezamového oleje
- 1/4 šálku nasekané čerstvé petrželky
- 3 polévkové lžíce pikantní BBQ omáčky Chipotle
- 1 polévková lžíce mletého česneku
- 1 polévková lžíce asijské chilské omáčky 1 lžička soli
- 1 lžička černého pepře
- 3 polévkové lžíce citronové šťávy
- 2 libry velké krevety, oloupané a zbavené žilek
- 12 dřevěných špejlí namočených ve vodě
- Tření

Pokyny

a) V míse prošlehejte olivový olej, sezamový olej, petržel, pikantní Chipotle BBQ omáčku, mletý česnek, chilskou omáčku, sůl, pepř a citronovou šťávu. Asi 1/3 této marinády si dejte stranou, abyste ji mohli použít při grilování.

b) Vložte krevety do velkého, znovu uzavíratelného plastového sáčku. Nalijte zbývající marinádu a uzavřete sáček. Dejte na 2 hodiny do lednice. Předehřejte gril Good-One® pro vysokou teplotu. Napíchněte krevety na špejle, jednou propíchněte u ocasu a jednou u hlavy. Marinádu zlikvidujte.

c) Grilovací rošt lehce naolejujte. Krevety vařte 2 minuty z každé strany, dokud nebudou neprůhledné, často je podlévejte vyhrazenou marinádou

6.   Grilované bylinkové krevety

Slouží 4

Ingredience

- 2 libry oloupané a zbavené krevety jumbo $\frac{3}{4}$ šálku olivového oleje
- 2 lžíce čerstvě vymačkané citronové šťávy 2 šálky nasekané čerstvé bazalky
- 2 stroužky česneku, rozdrcené
- 1 lžíce nasekané petrželky 1 lžička soli
- $\frac{1}{2}$ lžičky oregana
- $\frac{1}{2}$ lžičky čerstvě mletého černého pepře

Pokyny

a) Položte krevety v jedné vrstvě do mělké skleněné nebo keramické misky.

b) V kuchyňském robotu smíchejte olivový olej s citronovou šťávou.

c) Přikryjte a dejte na 2 hodiny do lednice. Během marinování krevety 4x až 5x promíchejte.

d) Připravte gril.

e) Grilovací rošt lehce naolejujte.

f) Krevety položte na naolejovaný rošt (můžete je napíchnout, pokud chcete) na žhavé uhlíky a grilujte 3 až 5 minut z každé strany, dokud lehce nezuhelnají a nepropečou. Nepřevařujte.

g) Ihned podávejte.

7. Krevety a brochette

Podává 4 (porce předkrmu)

Ingredience

- ½ lžíce horké omáčky
- 1 lžíce dijonské hořčice 3 lžíce piva
- ½ libry velké krevety, oloupané a zbavené
- 3 plátky slaniny, nakrájené podélně na 12 proužků
- 2 lžíce světle hnědého cukru

Pokyny

a) V míse smíchejte horkou omáčku, hořčici a pivo.
b) Přidejte krevety a promíchejte, aby se rovnoměrně obalily. Dejte do lednice alespoň na 2 hodiny. Marinádu sceďte a uschovejte. Každou krevetu obalte proužkem slaniny.
c) Navlékněte 3 krevety na 4 dvojité špejle. Brožetky dejte do mělké misky a zalijte odloženou marinádou. Posypte krevety cukrem. Dejte do lednice alespoň na 1 hodinu
d) Připravte dobrý gril. Brožetky položte na gril, zalijte je marinádou a zavřete víko. Vařte 4 minuty, poté je otočte, zavřete víko a vařte 4 minuty.
e) Ihned podávejte

8.   Krevetové balíčky

Ingredience

- 4 libry Velké krevety
- 1 šálek másla nebo margarínu
- 1 velký stroužek česneku, mletý
- 1/2 lžičky černého pepře
- 1 lžička soli
- 1 šálek petrželky, mleté

Pokyny

a) Oloupejte a očistěte krevety

b) Smetanové máslo; přidejte zbývající přísady do másla a dobře promíchejte. Odřízněte 6 (9palcových) proužků z vysoce odolné hliníkové fólie. Poté každý proužek rozřízněte na polovinu. Krevety rozdělte rovnoměrně na každý kousek fólie. Naplňte každý 1/12 máslové směsi, přikryjte alobal kolem krevet; otočte pevně, abyste utěsnili. Položte balíčky krevet na uhlíky. Vařte 5 minut.

Vyrábí 12 balíčků

9. Bazalkové krevety

Ingredience

- 2 1/2 lžíce olivového oleje
- 1/4 šálku másla, rozpuštěného
- 1/2 citronů, odšťavněných
- lžíce hrubozrnné připravené hořčice
- unce mleté čerstvé bazalky
- stroužky česneku, mleté
- sůl podle chuti
- 1 špetka bílého pepře
- 3 libry čerstvých krevet, oloupaných a zbavených

Pokyny

a) V mělké, neporézní misce nebo misce smíchejte olivový olej a rozpuštěné máslo. Poté vmícháme citronovou šťávu, hořčici, bazalku a česnek a dochutíme solí a bílým pepřem. Přidejte krevety a promíchejte, abyste obalili. Zakryjte a dejte na 1 hodinu do lednice nebo chladničky. Předehřejte gril na vysokou teplotu.

b) Krevety vyjmeme z marinády a napíchneme na špejle. Nastrouhejte lehce olejem a špízy položte na gril. Vařte 4 minuty, jednou otočte, dokud nebude hotový.

10. Grilované krevety balené ve slanině

Ingredience

- 1 lb. velké krevety
- plátky slaniny, nakrájené na 1/2
- pepř jack sýr

Pokyny

a) Krevety omyjte, vyloupejte a devein. Naříznete zadní část každé krevety. Do zářezu položíme malý plátek sýra a zabalíme kouskem slaniny. K udržení pohromadě použijte párátko.

b) Vařte na grilu, dokud slanina není mírně křupavá. Je to chutné a snadné!

11. Grilované krevety

Ingredience

- 1 libra středně velkých krevet
- 3-4 lžíce olivového oleje
- 2 polévkové lžíce "Old Bay Seasoning"

Pokyny

a) Krevety oloupejte a oddělte, nechte je na ocasech. Všechny ingredience vložte do sáčku na zip a dobře protřepejte. To může marinovat 5 minut nebo několik hodin.

b) Položte krevety na „grilovací pánev" (s otvory, aby krevety nezapadly mezi rošty na grilu) a několik minut grilujte na středně vysokou teplotu. Velmi kořeněný

Slouží 2

12.   Pečeme krevety z Alabamy

Ingredience

- 1 šálek másla nebo margarínu, rozpuštěného
- 3/4 šálku citronové šťávy
- 3/4 šálku worcesterské omáčky
- 1 lžíce soli
- 1 lžíce hrubě mletého pepře
- 1 lžička sušeného rozmarýnu
- 1/8 lžičky mleté červené papriky
- 1 lžíce horké omáčky
- 3 stroužky česneku, nasekané
- 2 1/2 libry neloupaných velkých nebo jumbo krevet
- 2 citrony, nakrájené na tenké plátky
- 1 střední cibule, nakrájená na tenké plátky
- Čerstvé snítky rozmarýnu

Pokyny

a) Smíchejte prvních 9 ingrediencí v malé misce; dát stranou.

b) Opláchněte krevety studenou vodou; dobře vypustit. Navrstvěte krevety, plátky citronu a plátky cibule do nevymazané zapékací mísy o rozměrech 13 x 9 x 2 palce. Nalijte máslovou směs na krevety. Pečte odkryté při 400 stupních F po dobu 20 až 25 minut, nebo dokud krevety nezrůžoví, občas podlévejte šťávou z pánve. Ozdobte snítkami čerstvého rozmarýnu.

13. Téměř krevety Paesano

Ingredience

- Krevety
- 1 vejce
- 1 šálek mléka
- Sůl a pepř na dochucení
- 1 libra extra velkých krevet, oloupaná a zbavená žilek, ocasy ponechány
- 1/2 hrnku univerzální mouky
- Rostlinný olej

Pokyny

a) V mělké misce smíchejte vejce, mléko, sůl a pepř. Ve směsi ponořte krevety a poté je lehce namočte do mouky.

b) Na pánvi rozehřejte olej, dokud nebude horký, a poté přidejte krevety 4 až 6 najednou, aby měly krevety dostatek místa na vaření. (Je důležité, aby krevety nebyly blízko sebe a nedotýkaly se.) Osmahnout je na jedné straně, pak je otočte a opékejte na druhé. Vařte, dokud nebude hotový, nebo položte na plech v předehřáté troubě na 350 stupňů F, abyste dokončili vaření. Mezitím si připravte omáčku.

14.   Rizoto s fazolemi a krevetami

Ingredience

- 1 ½ šálku cibule, nakrájené
- 1 lb. loupané krevety zbavené žilek
- 4 stroužky česneku, nasekané
- 1 šálek lupínkového hrášku
- 1 PL olivového oleje
- 1 plechovka fazolí nebo ½ šálku uvařených
- 3 až 4 oz. houby, nakrájené
- suché balení fazolí, opláchnuté,
- 1 ½ šálku scezené rýže Arborio
- 3 plechovky kuřecí vývar se sníženým obsahem sodíku bez tuku
- 1 střední rajče, nakrájené
- šálek parmazánu nebo sýra Asiago
- sůl a pepř na dochucení

Pokyny

a) Na oleji ve velkém hrnci orestujte cibuli, česnek a houby, dokud nezměknou, 5 až 8 minut.

b) Vmíchejte rýži a vařte 2 až 3 minuty.

c) Zahřejte vývar k varu ve středním hrnci; snížit teplo na minimum. Přidejte 1 šálek vývaru do rýže a za stálého míchání vařte, dokud se vývar nevstřebá, 1 až 2 minuty. Pomalu přidejte 2 šálky vývaru a vařte za stálého míchání, dokud se vývar nevstřebá.

d) Přidejte krevety, hrášek a zbývající vývar do hrnce. Vařte za častého míchání, dokud rýže nezměkne a tekutina se nevstřebá, 5 až 10 minut.

e) Přidejte fazole a rajčata; vařte o 2 až 3 minuty déle. Vmíchejte sýr; dochutíme solí a pepřem.

15. Pivní - Grilované krevety

Ingredience

- 3/4 šálku piva
- 3 lžíce rostlinného oleje
- 2 lžíce nasekané petrželky
- 4 lžičky worcesterské omáčky
- 1 stroužek česneku, nasekaný
- 1/2 lžičky soli
- 1/8 lžičky pepře
- 2 libry velké krevety, nevyloupané

Pokyny

a) Smíchejte olej, petržel, worcesterskou omáčku, česnek, sůl a pepř. Přidejte krevety; míchat. Pokrýt; necháme 1 hodinu stát při pokojové teplotě.

b) Sceďte, marinádu si rezervujte. Umístěte krevety na dobře namazaný rošt na brojlery; grilujte 4 až 5 palců od tepla po dobu 4 minut. Otáčet se; potřeme marinádou. Grilujte ještě 2 až 4 minuty nebo dokud nebudou jasně růžové.

Vyrobí 6 porcí

16.   Vařené krevety ze zálivu

Ingredience

- 1 galon vody
- 3 unce krabího masa
- 2 citrony, nakrájené na plátky
- 6 kuliček pepře
- 2 bobkové listy
- 5 liber syrových krevet ve skořápce

Pokyny

a) Přiveďte k varu vodu ochucenou krabím varem, citrony, kuličkami pepře a bobkovými listy. Dejte krevety.

b) Když se voda vrátí k varu, vařte velké nebo velké krevety 12 až 13 minut a střední krevety 7 až 8 minut. Odstraňte z ohně a přidejte 1 litr ledové vody. Nechte 10 minut sedět. Vypusťte.

17. Rémouladová omáčka

Ingredience

- 1/2 lžíce kreolské hořčice nebo více
- 2 lžíce nastrouhané cibule
- 1 litr majonézy
- 1/4 šálku křenu nebo více
- 1/2 šálku nasekané pažitky
- 1/4 lžičky soli
- 1 lžíce citronové šťávy
- 1/4 lžičky pepře

Pokyny

a) Smíchejte všechny přísady. Podávejte přes studené vařené krevety jako hlavní chod s krevetovou rémuládou nebo použijte jako dip k vařeným krevetám. Omáčka je nejlepší po 24 hodinách.

b) Připraví 2 1/4 šálku omáčky.

18. Kalifornie Scampi

Ingredience

- 1 libra másla, přepuštěného
- 1 lžíce mletého česneku
- 1 lžička soli
- 1 lžička pepře
- 1 1/2 libry velkých krevet, vyloupaných a zbavených žilek

Pokyny

a) Ve velké pánvi rozehřejte 3 lžíce přepuštěného másla. Přidejte česnek a orestujte. Osolíme, opepříme a přidáme krevety, které mohou být podle potřeby motýlkové. Restujte, dokud krevety nezmění barvu a nezměknou. Přidejte zbývající máslo a prohřejte. Krevety dejte na talíře a pokapejte je rozpáleným máslem.

b) Vyrobí 4 až 6 porcí

c)

19. Šampaňské krevety a těstoviny

Ingredience

- 8 uncí těstovin z andělských vlasů
- 1 lžíce extra panenského olivového oleje
- 1 šálek nakrájených čerstvých hub
- 1 libra středních krevet, oloupaných a zbavených žilek
- 1-1/2 šálku šampaňského
- 1/4 lžičky soli
- 2 lžíce mleté šalotky
- 2 švestková rajčata, nakrájená na kostičky
- 1 šálek husté smetany
- sůl a pepř na dochucení
- 3 lžíce nasekané čerstvé petrželky
- čerstvě nastrouhaný parmazán

Pokyny

a) Přiveďte k varu velký hrnec s lehce osolenou vodou. Těstoviny vařte ve vroucí vodě 6 až 8 minut nebo dokud nejsou al dente; vypustit. Mezitím na velké pánvi rozehřejte olej na středně vysokou teplotu. Houby vaříme a mícháme na oleji, dokud nezměknou. Vyjměte houby z pánve a dejte stranou.

b) Smíchejte krevety, šampaňské a sůl na pánvi a vařte na vysoké teplotě. Když se tekutina právě začne vařit, vyjměte krevety z pánve. Přidejte šalotku a rajčata do šampaňského; vařte, dokud se tekutina nezredukuje na 1/2 šálku, asi 8 minut. Vmíchejte 3/4 šálku smetany; vařte do mírného zhoustnutí, asi 1 až 2 minuty. Do omáčky přidejte krevety a houby a prohřejte.

c) Upravte koření podle chuti. Horké uvařené těstoviny promíchejte se zbývající 1/4 šálku smetany a petrželkou. Chcete-li podávat, nalijte na těstoviny krevety s omáčkou a posypte parmazánem.

20. Kokosové krevety s želé Jalapeño

Ingredience

- 3 hrnky strouhaného kokosu
- 12 (16–20 nebo 26–30) krevet, oloupaných a zbavených
- 1 hrnek mouky
- 2 vejce, rozšlehaná
- Rostlinný olej

Pokyny

a) Lehce opečte kokos na plechu v troubě vyhřáté na 350 stupňů F po dobu 8 až 10 minut.

b) Každou krevetu rozřízněte podélně uprostřed a prořízněte tři čtvrtiny cesty. Krevety obalte v mouce a poté namočte do vejce. Vtlačte strouhaný kokos do krevet a poté smažte v rostlinném oleji o teplotě 350 stupňů F dozlatova.

c) Podávejte s Jalapeño želé.

21. Kokosové krevety Tempura

Ingredience

- 2/3 šálku mouky
- 1/2 šálku kukuřičného škrobu
- 1 velké vejce, rozšlehané
- 1 hrnek strouhaného čerstvého kokosu
- 1 hrnek ledově studené sodovky
- Sůl
- 1 libra velkých krevet, oloupaných, zbavených žil a ocasu
- Kreolské koření
- 1 sklenice mangového chutney
- 1 jitrocel
- 1 lžíce koriandru, jemně nasekaného

Pokyny

a) Předehřejte fritézu.

b) Ve středně velké míse smíchejte mouku, kukuřičný škrob, vejce, kokos a sodovou vodu. Dobře promíchejte, aby vzniklo hladké těsto. Dochutíme solí. Krevety okoreníme kreolským kořením. Uchopte krevety za ocas, ponořte je do těsta, úplně obalte a setřeste přebytek. Smažte krevety po dávkách do zlatohnědé, asi 4 až 6 minut. Vyjměte a nechte okapat na papírových utěrkách. Okoreníme kreolským kořením.

c) Banány oloupejte. Banány nakrájejte na tenké, podélně. Smažte je do zlatohněda. Vyjměte a nechte okapat na papírových utěrkách. Okořeníme kreolským kořením.

d) Doprostřed každého talíře navršte trochu mangového chutney. Kolem chutney položte krevety. Ozdobte smaženými banány a koriandrem.

22. Cornsicles s krevetami a oreganem

Ingredience

- 6 klasů kukuřice
- 1 lžička soli
- 1/4 lžičky bílého pepře
- 1 lžíce nasekaného čerstvého mexického oregana popř
- 1 lžička sušeného mexického oregana
- 12 středních krevet
- 24 nanukových tyčinek

Pokyny

a) Oloupejte, nakrájejte a nakrájejte krevety. Kukuřici ořízněte a odstraňte slupky a hedvábí. Větší slupky uložte a omyjte. Odřízněte kukuřičná zrna z klasu a vyškrábněte co nejvíce mléka. Jádra umelte pomocí mlýnku na maso s ostrou čepelí. Přidejte sůl, bílý pepř, oregano a krevety. Dobře promíchejte.

b) Předehřejte troubu na 325 stupňů F.

c) Kápněte lžíci kukuřičné směsi na střed čisté slupky. Přeložte levou stranu slupky do středu, poté pravou a poté přehněte spodní konec nahoru. Zatlačte nanukovou tyčinku 2 až 3 palce do otevřeného konce a prsty sevřete slupky kolem tyčinky. Vytrhněte tenký pramen ze suché slupky a ovažte ho kolem kuří oka. Rohlíky, tyčinky dejte na vzduch a velmi blízko u sebe do skleněné zapékací mísy nebo ošatky. Pečte 30 minut, dokud není kukuřičná směs pevná a pevná.

d) Chcete-li sníst kukuřičnou kukuřici, oloupejte kukuřičnou slupku a snězte ji horkou z dřívka, jako byste chtěli nanuk.

23. Krémové krevety pesto

Ingredience

- 1 libra linguine těstovin
- 1/2 šálku másla
- 2 šálky husté smetany
- 1/2 lžičky mletého černého pepře
- 1 hrnek strouhaného parmazánu
- 1/3 šálku pesta
- 1 libra velkých krevet, oloupaných a zbavených žilek

Pokyny

Přiveďte k varu velký hrnec s lehce osolenou vodou. Přidejte těstoviny linguine a vařte 8 až 10 minut, nebo dokud nejsou al dente; vypustit. Ve velké pánvi rozpusťte

máslo na středním plameni. Vmícháme smetanu a dochutíme pepřem. Za stálého míchání vařte 6 až 8 minut. Do smetanové omáčky vmíchejte parmazán a míchejte, dokud se důkladně nepromíchá. Vmíchejte pesto a vařte 3 až 5 minut, dokud nezhoustne. Vmíchejte krevety a vařte, dokud nezrůžoví, asi 5 minut. Podávejte přes horké linguine.

24. Delta krevety

Ingredience

- 2 litry vody
- 1/2 velkého citronu, nakrájený na plátky
- 2 1/2 libry neloupaných velkých čerstvých krevet
- 1 šálek rostlinného oleje
- 2 lžíce horké omáčky
- 1 1/2 lžičky olivového oleje
- 1 1/2 lžičky mletého česneku
- 1 lžička mleté čerstvé petrželky
- 3/4 lžičky soli
- 3/4 lžičky koření Old Bay
- 3/4 lžičky sušené celé bazalky
- 3/4 lžičky sušeného celého oregana
- 3/4 lžičky sušeného celého tymiánu
- Listový salát

Pokyny

a) Vodu a citron přiveďte k varu; přidejte krevety a vařte 3 až 5 minut. Dobře vypusťte; opláchněte studenou vodou. Oloupejte a odstraňte krevety, ocasy nechte nedotčené. Vložte krevety do velké mísy.

b) Smíchejte olej a dalších 9 přísad; promícháme drátěnou metličkou. Nalijte přes krevety. Hodit na kabát krevety.

25. Krémované krevety

Ingredience

- 3 plechovky krémové krevetové polévky
- 1 1/2 lžičky kari
- 3 šálky zakysané smetany
- 1 1/2 libry krevet, vařené a oloupané

Pokyny

a) Smíchejte všechny přísady a zahřejte v horní části dvojitého kotle.
b) Podávejte s rýží nebo ve skořápkách.

26. Kánoe z lilku

Ingredience

- 4 střední lilky
- 1 šálek cibule, nakrájené
- 1 šálek zelené cibule, nakrájené
- 4 stroužky česneku, nakrájené
- 1 šálek papriky, nakrájené
- 1/2 šálku celeru, nakrájeného
- 2 bobkové listy
- 1 lžička tymiánu
- 4 lžičky soli
- 1 lžička černého pepře
- 4 lžíce tuku ze slaniny
- 1 1/2 libry syrových krevet, oloupaných
- 1/2 šálku (1 tyčinka) másla
- 1 lžíce worcesterské omáčky
- 1 lžička louisianské horké omáčky
- 1 šálek ochucené italské strouhanky
- 2 vejce, rozšlehaná
- 1/2 šálku petrželky, nasekané
- 1 libra kusového krabího masa
- 3 lžíce citronové šťávy
- 8 lžic sýra Romano, strouhaného
- 1 šálek ostrého sýra Cheddar, nastrouhaného

Pokyny

a) Lilky podélně rozpůlíme a vaříme v osolené vodě asi 10 minut nebo do měkka. Vydlabejte vnitřky a nakrájejte nadrobno. Skořápky lilku vložte do mělké zapékací mísy. Na tuku ze slaniny restujte cibuli, zelenou cibulku, česnek, papriku, celer, bobkový list, tymián, sůl a pepř asi 15 až 20 minut. Přidejte nakrájený lilek a přikryté vařte asi 30 minut.

b) V samostatné pánvi orestujte krevety na másle, dokud nezrůžoví, asi 2 minuty, poté přidejte do směsi lilku. K lilkové směsi přidejte worcesterskou omáčku, horkou omáčku, strouhanku a vejce. Vmícháme petrželku a citronovou šťávu. Přidejte sýr. Jemně vmícháme krabí maso. Směsí naplňte skořápky lilku. Pečte odkryté při 350 stupních F, dokud nejsou horké a zhnědlé, asi 30 minut.

Výtěžek 8 porcí

27. Česnekové krevety

Ingredience

- 2 lžíce olivového oleje
- 4 stroužky česneku, nakrájené na tenké plátky
- 1 lžíce drcené červené papriky
- 1 libra krevet
- sůl a pepř na dochucení

Pokyny

a) Olivový olej rozehřejte na pánvi na středním plameni. Přidejte česnek a červenou papriku. Opékejte, dokud česnek nezhnědne, za častého míchání, aby se česnek nepřipálil.

b) Vhoďte krevety do oleje (pozor, aby vám olej nevystříkl). Vařte 2 minuty z každé strany do růžova.

c) Přidejte sůl a pepř. Před odstavením z plotny vařte další minutu. Podáváme s plátky bagety (na tapas) nebo s těstovinami.

d) Pokud házíte těstoviny: Začněte ve velkém hrnci. Uvařte krevety podle návodu a připravte těstoviny v samostatném hrnci (pravděpodobně začnete s těstovinami před krevetami, protože krevety zaberou jen 5-7 minut). Při scezování těstovin si ponechte část vody z těstovin.

e) Když jsou krevety hotové, nalijte uvařené těstoviny do hrnce s krevetami a dobře je promíchejte, těstoviny potřete olejem vyluhovaným česnekem a červenou paprikou. V případě potřeby přidejte vodu z těstovin, po lžících.

f) Navrch posypeme nasekanou petrželkou.

28. Grilované marinované krevety

Ingredience

- 1 šálek olivového oleje
- 1/4 šálku nasekané čerstvé petrželky
- 1 citron, šťáva
- 2 lžíce feferonkové omáčky
- 3 stroužky česneku, nasekané
- 1 lžíce rajčatového protlaku
- 2 lžičky sušeného oregana
- 1 lžička soli
- 1 lžička mletého černého pepře
- 2 libry velké krevety, oloupané a vykrajované s připojenými ocasy
- Špejle

Pokyny

a) V míse smíchejte olivový olej, petržel, citronovou šťávu, horkou omáčku, česnek, rajčatový protlak, oregano, sůl a černý pepř. Zarezervujte si malé množství na později. Zbývající marinádu nalijte do velkého uzavíratelného plastového sáčku s krevetami. Uzavřete a nechte 2 hodiny marinovat v lednici.

b) Předehřejte gril na středně nízkou teplotu. Napíchněte krevety na špejle, jednou propíchněte u ocasu a jednou u hlavy. Marinádu zlikvidujte.

c) Grilovací rošt lehce naolejujte. Krevety vařte 5 minut z každé strany, nebo dokud nejsou neprůhledné, často je podlévejte vyhrazenou marinádou.

29.   Texaské krevety

Ingredience

- 1/4 šálku rostlinného oleje
- 1/4 šálku tequily
- 1/4 šálku červeného vinného octa
- 2 lžíce šťávy z mexické limetky
- 1 lžíce mletých červených chilli papriček
- 1/2 lžičky soli
- 2 stroužky česneku, nakrájené nadrobno
- 1 červená paprika, jemně nasekaná
- 24 velkých syrových krevet, oloupaných a zbavených žilek

Pokyny

a) Smíchejte všechny přísady kromě krevet v mělké skleněné nebo plastové misce. Vmíchejte krevety. Přikryjte a dejte na 1 hodinu do chladničky.

b) Vyjměte krevety z marinády, marinádu si ponechte. Navlékněte 4 krevety na každou ze šesti (8-palcových) kovových špejlí. Grilujte na středním uhlí, jednou otočte, dokud nezrůžoví, 2 až 3 minuty z každé strany.

c) Zahřejte marinádu k varu v nereaktivní pánvi. Snižte teplo na minimum. Vařte odkryté, dokud paprika nezměkne, asi 5 minut. Podávejte s krevetami.

30. Špízy z havajských krevet

Ingredience

- 1/2 libry krevet, loupaných, zbavených a nevařených 1/2 libry bay nebo mořských mušlí 1 konzerva kousky ananasu ve šťávě
- 1 zelená paprika, nakrájená na měsíčky
- plátky slaniny

Omáčka:

- 6 uncí barbecue omáčky
- 16 uncí salsy
- 2 lžíce ananasové šťávy
- 2 lžíce bílého vína

Pokyny

a) Smíchejte přísady omáčky, dokud nejsou rovnoměrně promíchány. Napíchejte kousky ananasu, krevety, mušle, měsíčky papriky a přeložené plátky slaniny.

b) Napíchněte špejlí rovnoměrně z každé strany a grilujte. Vařte, dokud krevety nemají růžovou barvu. Podáváme s rýží.

31. Medovo-tymiánové grilované krevety

Ingredience

- Marináda z pečeného česneku
- 2 libry čerstvých nebo zmrazených nevařených velkých krevet ve skořápkách
- 1 střední červená paprika, nakrájená na 1-palcové čtverce a blanšírovaná
- 1 středně žlutá paprika, nakrájená na 1-palcové čtverce a blanšírovaná
- 1 střední červená cibule, nakrájená na čtvrtky a rozdělená na kousky

Pokyny

a) Připravte si marinádu z pečeného česneku

b) Oloupejte krevety. (Pokud jsou krevety zmrazené, nerozmrazujte je; oloupejte je ve studené vodě.) Na zadní straně každé krevety udělejte mělký podélný řez; vymýt žílu.

c) Nalijte 1/2 šálku marinády do malého uzavíratelného plastového sáčku; uzavřete sáček a chlaďte až do podávání. Nalijte zbývající marinádu do velkého uzavíratelného plastového sáčku. Přidejte krevety, papriku a cibuli, otočte, aby se obalily marinádou. Uzavřete sáček a chlaďte alespoň 2 hodiny, ale ne déle než 24 hodin.

d) Grilovací rošt potřete rostlinným olejem. Rozpalte uhlí nebo plynový gril pro přímý žár. Vyjměte krevety a zeleninu z marinády; dobře vypustit. Marinádu zlikvidujte. Na každou ze šesti 15palcových kovových špejlí navlékněte střídavě krevety a zeleninu, mezi nimiž ponechejte prostor.

e) Grilujte kabobs odkryté 4 až 6 palců z HORKOVÉHO žáru 7 až 10 minut, jednou otočte, dokud krevety nejsou růžové a pevné. Umístěte kabobs na servírovací tác. Z malého plastového sáčku odložené marinády ustřihněte nůžkami malý roh. Krevety a zeleninu pokapejte marinádou.

Výtěžek: 6 porcí.

32. Marináda z pečeného česneku

Ingredience

- 1 střední cibule česneku
- 1/3 šálku olivového nebo rostlinného oleje
- 2/3 šálku pomerančové šťávy
- 1/4 šálku pikantní medové hořčice
- 3 lžíce medu
- 3/4 lžičky sušených tymiánových listů, drcených

Pokyny

a) Předehřejte troubu na 375 stupňů F.

b) Odřízněte jednu třetinu horní části neloupané česnekové cibule, odkryjte stroužky. Vložte česnek do malého pekáčku; pokapat olejem.

c) Pevně zakryjte a pečte 45 minut; chladný. Z papírové slupky vymačkáme česnekovou dužinu. Vložte česnek a zbývající přísady do mixéru.

d) Přikryjte a mixujte na vysokou rychlost do hladka. Dělá asi 1 1/2 šálku.

33. Horké a pikantní krevety

Ingredience

- 1 libra másla
- 1/4 šálku arašídového oleje
- 3 stroužky česneku, nakrájené
- 2 lžíce rozmarýnu
- 1 lžička nasekané bazalky
- 1 lžička nasekaného tymiánu
- 1 lžička nasekaného oregana
- 1 malá feferonka, nakrájená, popř
- 2 lžíce mletého kajenského pepře
- 2 lžičky čerstvě mletého černého pepře
- 2 bobkové listy, rozdrobené
- 1 lžíce papriky
- 2 lžičky citronové šťávy
- 2 libry syrových krevet ve skořápce
- Sůl

Pokyny

a) Krevety by měly mít velikost 30–35 na libru.

b) V ohnivzdorné zapékací míse rozpustíme máslo a olej. Přidejte česnek, bylinky, papriku, bobkový list, papriku a citronovou šťávu a přiveďte k varu. Snižte teplotu a za častého míchání vařte 10 minut. Odstraňte misku z ohně a nechte chutě alespoň 30 minut propojit.

c) Tuto horkou máslovou omáčku lze připravit den předem a nechat ji vychladit. Předehřejte troubu na 450 stupňů F. Znovu ohřejte omáčku, přidejte krevety a vařte na středním plameni, dokud krevety nezrůžoví, pak pečte v troubě dalších asi 30 minut. Ochutnejte koření, v případě potřeby dosolte.

d) Po konzumaci krevet nalijte máslovou omáčku s křupavým chlebem.

34.   Italské grilované krevety

Ingredience

- 2 libry jumbo krevety
- 1/4 šálku olivového oleje
- 2 lžíce česneku, mletého
- 1/4 šálku mouky
- 1/4 šálku másla, rozpuštěného
- 4 lžíce petrželky, mleté
- 1 šálek máslové omáčky

Pokyny

a) Shell krevety, takže ocasy na. Osušte, poté poprašte moukou. Do plochého pekáčku vmícháme olej a máslo; přidat krevety. Grilujte při střední teplotě po dobu 8 minut. Přidejte česnek a petržel do omáčky z másla. Nalijte přes krevety.

b) Míchejte, dokud nejsou krevety obaleny. Grilujte ještě 2 minuty.

35. Jerk krevety se sladkou jamajskou rýží

Ingredience

- 1 libra středních krevet (počet 51–60), syrové, skořápka na koření Jerk
- 2 šálky horké vařené rýže
- 1 (11 uncí) plechovka mandarinek, okapaných a nakrájených
- 1 (8 uncí) plechovka drceného ananasu, okapaná
- 1/2 šálku nakrájené červené papriky
- 1/4 šálku nastrouhaných mandlí, opražených
- 1/2 šálku nakrájené cibule
- 2 lžíce strouhaného kokosu, opečený
- 1/4 lžičky mletého zázvoru

Pokyny

a) Připravte jerk marinádu podle návodu na obalu na zadní straně jerk koření.

b) Krevety oloupejte a zbavte je ocasu. Při přípravě rýže dejte do marinády.

c) Ve velké pánvi smíchejte všechny zbývající ingredience. Vařte na středně vysokém ohni za stálého míchání po dobu 5 minut nebo do úplného zahřátí. Vyjměte krevety z marinády. Vložte do brojlerové pánve v jedné vrstvě. Grilujte 5 až 6 palců z tepla po dobu 2 minut.

d) Dobře promíchejte a opékejte další 2 minuty, nebo dokud krevety nezrůžoví.

e) Podáváme s rýží.

f)

36. Citronovo-česnekové grilované krevety

Ingredience

- 2 libry střední krevety, oloupané a zbavené
- 2 stroužky česneku, rozpůlené
- 1/4 šálku másla nebo margarínu, rozpuštěného
- 1/2 lžičky soli
- Hrubě mletý pepř
- 3 kapky horké omáčky
- 1 lžíce worcesterské omáčky
- 5 lžic nasekané čerstvé petrželky

Pokyny

a) Vložte krevety v jedné vrstvě do pánve o rozměrech 15 x 10 x 1 palec; dát stranou.

b) Na másle restujte česnek, dokud česnek nezhnědne; vyjměte a vyhoďte česnek. Přidejte zbývající přísady, kromě petrželky, dobře promíchejte. Nalijte směs na krevety. Grilujte krevety 4 palce z tepla po dobu 8 až 10 minut, jednou podlévejte. Posypeme petrželkou.

Výtěžek 6 porcí.

37. Limetkový pepř krevety

Ingredience

- 1 libra velkých krevet, oloupaných a zbavených žilek
- 1 lžíce olivového oleje
- 1 lžíce mletého čerstvého rozmarýnu
- 1 lžíce mletého čerstvého tymiánu
- 2 lžičky mletého česneku
- 1 lžička hrubě mletého černého pepře
- Špetka mleté červené papriky
- Šťáva z jedné limetky

Pokyny

a) Ve střední misce smíchejte krevety, olej, bylinky a papriku. Dobře promíchejte, aby se krevety obalily. Nechte stát 20 minut při pokojové teplotě.

b) Rozpalte velkou nepřilnavou pánev na středně vysokou teplotu po dobu 3 minut. Přidejte krevety v jedné vrstvě. Vařte 3 minuty z každé strany, nebo dokud krevety nezrůžoví a nebudou propečené. Nepřevařujte. Sundejte z ohně a vmíchejte limetkovou šťávu.

38. Louisiana krevetová Esplanáda

Ingredience

- 24 velkých čerstvých krevet
- 12 uncí másla
- 1 lžíce prolisovaného česneku
- 2 lžíce worcesterské omáčky
- 1 lžička sušeného tymiánu
- 1 lžička sušeného rozmarýnu
- 1/2 lžičky sušeného oregana
- 1/2 lžičky drcené červené papriky
- 1 lžička kajenského pepře
- 1 lžička černého pepře
- 8 uncí piva
- 4 šálky vařené bílé rýže
- 1/2 šálku jemně nasekané jarní cibulky

Pokyny

a) Krevety omyjeme a necháme ve skořápce. Ve velké pánvi rozpustíme máslo a vmícháme česnek, worcesterovou omáčku a koření.

b) Přidejte krevety a zatřeste pánví, aby se krevety ponořily do másla, pak je restujte na středně vysokém ohni 4 až 5 minut, dokud nezrůžoví.

c) Poté nalijte pivo a míchejte další minutu, poté stáhněte z ohně. Krevety vyloupejte, vydlabejte a uložte na rýžové lůžko. Navrch nalijte šťávu z pánve a ozdobte nakrájenou jarní cibulkou.

d) Ihned podávejte.

39.   Malibu míchané krevety

Ingredience

- 1 lžíce arašídového oleje
- 1 lžíce másla
- 1 lžíce mletého česneku
- 1 libra středních krevet, vyloupaných a zbavených
- 1 šálek nakrájených hub
- 1 svazek jarní cibulky, nakrájené na plátky
- 1 červená sladká paprika, zbavená semínek, nakrájená na tenké 2" proužky
- 1 šálek čerstvého nebo mraženého hrášku
- 1 šálek rumu Malibu
- 1 šálek husté smetany
- 1/4 šálku nasekané čerstvé bazalky
- 2 lžičky mleté chilli pasty
- Šťáva z 1/2 limetky
- Čerstvě mletý černý pepř
- 1/2 hrnku strouhaného kokosu
- 1 libra fettuccini, vařené

Pokyny

a) Ve velké pánvi rozehřejte olej a máslo na vysokou teplotu. Přidejte česnek na 1 minutu. Přidejte krevety, vařte 2 minuty do růžova. Přidejte zeleninu a opékejte 2 minuty.

b) Přidejte rum a vařte 2 minuty. Přidejte smetanu a vařte 5 minut. Přidejte zbývající koření. Promícháme s kokosem a uvařenými těstovinami.

40.   Pečené krevety

Ingredience

- 4 libry neloupané, velké čerstvé krevety nebo 6 librové krevety s hlavou na hlavě
- 1/2 šálku másla
- 1/2 šálku olivového oleje
- 1/4 šálku chilli omáčky
- 1/4 šálku worcesterské omáčky
- 2 citrony, nakrájené na plátky
- 4 stroužky česneku, nakrájené
- 2 lžíce kreolského koření
- 2 lžíce citronové šťávy
- 1 lžíce nasekané petrželky
- 1 lžička papriky
- 1 lžička oregana
- 1 lžička mleté červené papriky
- 1/2 lžičky horké omáčky
- francouzský chléb

Pokyny

a) Rozložte krevety v mělké pánvi na brojlery vyložené hliníkovou fólií.

b) Smíchejte máslo a dalších 12 ingrediencí v hrnci na mírném ohni, míchejte, dokud se máslo nerozpustí, a nalijte na krevety. Zakryjte a chlaďte 2 hodiny a každých 30 minut krevety otočte.

c) Pečte odkryté při 400 stupních F po dobu 20 minut; jednou otočit.

d) Podávejte s chlebem, zeleným salátem a kukuřičným klasem jako kompletní jídlo.

41. Opravdu skvělý krevetový salát

Ingredience

- 2 libry Střední krevety
- 1 šálek zázračného biče
- 1/2 šálku zelené cibule
- 1 Zelená paprika
- 1 malá hlava salátu
- 1 střední rajče
- 1/2 šálku sýru Mozzarella

Pokyny

a) Krevety oloupeme, zbavíme játra a uvaříme. Nakrájejte hlávkový salát, papriku, rajče, zelenou cibulku a krevety a promíchejte v misce... Nakrájejte sýr mozzarella a přidejte do salátu.

b) Přidejte zázračný bič a dobře promíchejte.

42. M-80 Rock Shrimp

Omáčka M-80

- 1 lžíce kukuřičného škrobu
- 1 šálek vody
- 1 šálek sójové omáčky
- 1 šálek světle hnědého cukru
- 1 lžíce pasty sambal chile
- šálek čerstvě vymačkané pomerančové šťávy 1 serrano chile, jemně nasekané
- stroužky česneku nakrájené nadrobno (asi 1 polévková lžíce)
- Jeden dvoupalcový kousek čerstvého zázvoru, oškrábaný/oloupaný a jemně nasekaný

Slaw

- hlávkové zelené zelí nakrájené na tenké plátky (asi 1½ šálku)
- hlávkové červené zelí nakrájené na tenké plátky (asi 1½ šálku)
- střední mrkev, tenké plátky na 2-palcové kousky
- středně červená paprika, nakrájená na tenké plátky
- střední červená cibule, nakrájená na tenké plátky
- 1 stroužek česneku, nakrájený na tenké plátky

- 1 Serrano chile, nakrájené na tenké plátky
- lístky bazalky, nakrájené na tenké plátky

Krevety

- Rostlinný olej
- 2 libry skalních krevet (nebo nahraďte 16-20 krevetami nakrájenými na malé kostičky) 1 šálek podmáslí
- 3 hrnky univerzální mouky
- Černá a bílá sezamová semínka
- 1 lžíce zelené cibule, nakrájené na tenké plátky
- Listy koriandru

Pokyny

a) Připravte omáčku M-80: V malé misce smíchejte kukuřičný škrob a vodu. Dát stranou.

b) V malém hrnci prošlehejte sójovou omáčku, hnědý cukr, chilli pastu, pomerančový džus, chilli, česnek a zázvor a omáčku přiveďte k varu. Snižte teplotu a vařte 15 minut. Vmíchejte směs kukuřičného škrobu a vody a omáčku přiveďte zpět k varu.

c) Připravte si salát: Ve střední misce smíchejte zelené a červené zelí, mrkev, červenou papriku, cibuli, česnek, chilli a bazalku. Dát stranou.

d) Připravte krevety: Do středního hrnce nastaveného na vysokou teplotu přidejte tolik oleje, aby se dostal do poloviny hrnce; zahřívejte, dokud olej nedosáhne 350° (teploměrem změřte teplotu). Skalní krevety dejte do velké mísy a zalijte je podmáslím.

e) Pomocí děrované lžíce vyjměte krevety, slijte přebytečné podmáslí a v samostatné misce promíchejte krevety s moukou. Smažte krevety po dobu 1 až $1\frac{1}{2}$ minuty.

43. Přípitek města

Ingredience

- Dvanáct 16-20 krevet počítaných, zbavených žilek a odstraněných skořápek
- Sůl a čerstvě mletý černý pepř
- 2 avokáda
- 2 lžíce limetkové šťávy (asi 1 střední limetka), rozdělené
- 2 lžíce jemně nasekaného koriandru
- 2 čajové lžičky jemně nasekaného jalapeña (asi 1 střední jalapeňo)
- 1 grapefruit
- 1 malá bageta, nakrájená na $\frac{1}{4}$-palcové plátky Extra panenský olivový olej
- Sůl a čerstvě mletý černý pepř $\frac{1}{4}$ šálku pistácií, opečených a nasekaných

Pokyny

a) Krevety dejte na malý talířek a dochuťte solí a pepřem. Avokádo podélně rozřízněte kolem pecky a odstraňte pecky. Dužinu avokáda nakrájejte šrafovaným vzorem a pomocí lžíce naberte dužinu avokáda do střední misky. Smíchejte avokádo s 1 $\frac{1}{2}$ lžíce limetkové šťávy a koriandrem a jalapeňem.

b) Použijte nůž k odstranění slupky a dřeně z dužiny grapefruitu a nakrájejte podél membrán, abyste odstranili segmenty. Dát stranou.

c) Plátky bagety potřeme olivovým olejem a dochutíme solí a pepřem. Plátky bagety vložte do toustovače a opékejte dozlatova.

d) Ve střední pánvi nastavené na střední teplotu rozehřejte 1½ lžíce olivového oleje a přidejte krevety. Vařte jednu minutu na jedné straně, poté otočte a opékejte dalších 30 sekund na druhé straně. Přeneste krevety do misky a promíchejte se zbývající ½ polévkovou lžící limetkové šťávy.

e) Sestavení: Na každý plátek bagety rozetřete 2 lžíce avokádové směsi. Navrch dejte jeden nebo dva kousky krevet a kousek grapefruitu. Navrch posypte pistáciemi a ihned podávejte.

44. Krevety a la Plancha nad šafránovými toasty Allioli

Výtěžek: Podává 4

Ingredience
Aioli
- Velká špetka šafránu
- 2 velké žloutky
- 1 stroužek česneku, jemně nasekaný
- 2 lžičky košer soli
- 3 šálky extra panenského olivového oleje, nejlépe španělského
- 2 čajové lžičky citronové šťávy, plus více v případě potřeby

Krevety
- Čtyři ½ palce silné krajíce venkovského chleba
- 2 lžíce extra panenského olivového oleje
- 1½ libry jumbo 16/20 loupaných krevet
- Kóšer sůl
- 2 citrony, rozpůlené
- 3 stroužky česneku, nakrájené nadrobno
- 1 lžička čerstvě mletého černého pepře
- 2 šálky suchého sherry
- 3 lžíce nahrubo nasekané plocholisté petrželky

Pokyny

a) Připravte aioli: V malé pánvi nastavené na střední teplotu opékejte šafrán, dokud nebude křehký, 15 až 30 sekund. Vyklopte na malý talířek a zadní částí lžíce rozdrťte. Do středně velké mísy přidejte šafrán, žloutky, česnek a sůl a intenzivně šlehejte, dokud se dobře nespojí. Začněte přidávat olivový olej po několika kapkách, mezi přidáváním důkladně šlehejte, dokud aioli nezačne houstnout, poté velmi pomalým a stálým proudem přikapávejte zbývající olej do směsi a šlehejte aioli, dokud nebude husté a krémové.

b) Přidejte citronovou šťávu, ochuťte a podle potřeby dochuťte citronovou šťávou a solí. Přendejte do malé misky, zakryjte plastovým obalem a dejte do lednice.

c) Připravte toasty: Nastavte mřížku trouby do nejvyšší polohy a brojler na vysokou. Plátky chleba položte na pečicí papír s okrajem a potřete obě strany chleba 1 lžící oleje. Chléb opékejte dozlatova, asi 45 sekund. Chléb otočte a opékejte z druhé strany (pečlivě sledujte brojlery, protože intenzita brojlerů se mění), o 30 až 45 sekund déle. Vyjměte chléb z trouby a každý plátek položte na talíř.

d) Do velké mísy dejte krevety. Pomocí odřezávacího nože vytvořte mělkou štěrbinu na zakřivené zadní straně krevety, odstraňte žílu a ponechte skořápku neporušenou. Rozpalte velkou pánev s těžkým dnem na středně vysokou teplotu, dokud se téměř nezakouří, $1\frac{1}{2}$ až 2 minuty. Přidejte zbývající 1 lžíci oleje a krevety. Posypte krevety špetkou soli a šťávou z poloviny citronu a vařte, dokud se krevety nezačnou kroutit a okraje skořápky nezhnědnou, 2 až 3 minuty.

e) Pomocí kleští otočte krevety, posypte další solí a šťávou z další poloviny citronu a vařte, dokud nejsou krevety jasně růžové, asi o 1 minutu déle.

f) Uprostřed pánve udělejte důlek a vmíchejte česnek a černý pepř; jakmile česnek rozvoní, asi po 30 sekundách přidejte sherry, přiveďte k varu a vmíchejte směs česneku a sherry do krevet. Vařte, míchejte a seškrabujte hnědé kousky ze dna pánve do omáčky. Vypněte oheň a vymačkejte šťávu z další poloviny citronu. Zbylou polovinu citronu nakrájejte na měsíčky.

g) Vršek každého plátku chleba potřete velkou lžící šafránového aioli. Krevety rozdělte na talíře a každou porci přelijte omáčkou. Posypeme petrželkou a podáváme s měsíčky citronu.

45. Krevetové kari s hořčicí

Ingredience:

- 1 lb. krevety
- 2 polévkové lžíce oleje
- 1 lžička kurkuma
- 2 polévkové lžíce hořčičného prášku
- 1 lžička soli
- 8 zelených chilli papriček

Pokyny

a) Připravte si pastu z hořčice ve stejném množství vody. Na nepřilnavé pánvi rozehřejte olej a opékejte hořčičnou pastu a krevety alespoň pět minut a přidejte 2 hrnky vlažné vody.

b) Přiveďte k varu a přidejte kurkumu a sůl a zelené chilli. Vařte na mírném ohni dalších dvacet pět minut.

46.   Krevetové kari

Ingredience:

- 1 lb. krevety, oloupané a zbavené
- 1 cibule, pyré
- 1 lžička zázvorové pasty
- 1 lžička česnekové pasty
- 1 rajče, protlak
- 1 lžička prášku z kurkumy
- 1 lžička chilli prášku
- 1 lžička kmínového prášku
- 1 lžička koriandrového prášku
- 1 lžička soli nebo podle chuti
- 1 lžička citronové šťávy
- Listy koriandru/koriandru
- 1 polévková lžíce oleje

Pokyny

a) Na nepřilnavé pánvi rozehřejte olej a opékejte cibuli, rajčata, zázvor a česnek spolu s kmínem a koriandrovým práškem a lístky koriandru/koriandru po dobu pěti minut na středně nízké teplotě.

b) Přidejte krevety, kurkumu a chilli prášek a sůl spolu s půl šálkem vlažné vody a vařte na středně mírném ohni dvacet pět minut.

Udržujte pánev přikrytou poklicí. Dobře promíchejte, aby se krevety spojily s kořením. Dochuťte citronovou šťávou, před podáváním ozdobte koriandrem/koriandrem.

47. Krevety v česnekové omáčce

Ingredience

- 12 stroužků česneku, nasekaných nahrubo
- 1 šálek rostlinného oleje
- 1/4 šálku (1/2 tyčinky) nesoleného másla
- 1 1/2 libry čerstvých krevet, oloupaných, zbavených žil a motýlků (ocásky nechte nedotčené)

Pokyny

a) Ve velké pánvi orestujte česnek na středně rozpáleném oleji (asi 300 stupňů F) do světle hnědé barvy. Pozorně hlídejte, abyste se nespálili. Asi po 6 až 8 minutách rychle zašleháme máslo a ihned stáhneme z ohně. Po přidání všeho másla budou kousky křupavé. Vyjměte je děrovanou lžící a ponechte si olej a máslo na restování krevet.

b) Ve velké pánvi rozehřejte asi 2 až 3 lžíce odloženého oleje a poté krevety restujte asi 5 minut. Velmi krátce otočte a poté vyjměte. Podle potřeby přidejte další olej, aby se všechny krevety orestovaly. Sůl podle chuti. Ozdobte kousky česneku a petrželkou. Podávejte s mexickou rýží.

c) Zkuste francouzský chléb potřít česnekovým olejem, poté ho posypat petrželkou a opéct.

d) Podávejte s krevetami a doplňte hlávkovým salátem a rajčatovým salátem.

48. Krevety v hořčičné smetanové omáčce

Ingredience
- 1 libra velkých krevet
- 2 lžíce rostlinného oleje
- 1 šalotka, mletá
- 3 lžíce suchého bílého vína
- 1/2 šálku husté smetany nebo smetany ke šlehání
- 1 lžíce dijonské hořčice se semínkem
- Sůl, podle chuti

Pokyny
a) Shell a devein krevety. V 10palcové pánvi na středním plameni vařte šalotku v rozpáleném oleji 5 minut za častého míchání. Zvyšte teplotu na středně vysokou. Přidejte krevety. Vařte 5 minut, nebo dokud krevety nezrůžoví, za častého míchání. Vyjměte krevety do misky. Přidejte víno k odkapávání na pánvi.
b) Vařte na středním plameni 2 minuty. Přidejte smetanu a hořčici. Vařte 2 minuty. Vraťte krevety do pánve. Míchejte, dokud se nezahřeje. Sůl podle chuti.
c) Podávejte na horké, uvařené rýži.
d) Slouží 4.

49. Gazpacho

Ingredience

- 2 stroužky česneku
- 1/2 červené cibule
- 5 romských rajčat
- 2 stonky celeru
- 1 velká okurka
- 1 cuketa
- 1/4 šálku extra panenského olivového oleje
- 2 lžíce červeného vinného octa
- 2 lžíce cukru Několik teček pálivé omáčky Pomlčka sůl
- Škrábněte černý pepř
- 4 šálky kvalitní rajčatové šťávy
- 1 libra krevet, oloupaných a zbavených plátků avokáda, pro podávání
- 2 vejce vařená natvrdo, jemně nasekaná Listy čerstvého koriandru, k podávání Křupavý chléb, k podávání

Pokyny

a) Česnek nasekáme, cibuli nakrájíme na plátky, rajčata, celer, okurku a cuketu nakrájíme na kostičky. Všechen česnek, všechnu cibuli, polovinu zbylé zeleniny nakrájené na kostičky a olej vhoďte do mísy kuchyňského robota nebo chcete-li mixéru.

b) Zalijte octem a přidejte cukr, horkou omáčku, sůl a pepř. Nakonec vlijte 2 šálky rajčatové šťávy a dobře promíchejte. V podstatě budete mít rajčatový základ s krásnými konfetami zeleniny.

c) Rozmixovanou směs nalijte do velké mísy a přidejte druhou polovinu nakrájené zeleniny. Smíchejte to dohromady. Poté vmíchejte zbývající 2 šálky rajčatové šťávy. Dejte ochutnat a ujistěte se, že koření je správné. Upravte podle potřeby. Pokud je to možné, dejte na hodinu do lednice.

d) Grilujte nebo restujte krevety, dokud nebudou matné. Dát stranou. Polévku nalijte do misek, přidejte grilované krevety a ozdobte plátky avokáda, vejcem a lístky koriandru. Podávejte s křupavým chlebem na boku.

50. Krevety Linguine Alfredo

Ingredience

- 1 (12 uncí) balíček linguine těstovin
- 1/4 šálku másla, rozpuštěného
- 4 lžíce cibule nakrájené na kostičky
- 4 lžičky mletého česneku
- 40 malých krevet, oloupaných a zbavených žilek
- 1 šálek půl na půl
- 2 lžičky mletého černého pepře
- 6 lžic strouhaného parmazánu
- 4 snítky čerstvé petrželky
- 4 plátky citronu, na ozdobu

Pokyny

a) Těstoviny uvařte ve velkém hrnci s vroucí vodou, dokud nejsou al dente; vypustit. Mezitím rozpusťte máslo ve velkém hrnci. Na středním plameni orestujte cibuli a česnek do měkka. Přidejte krevety; za stálého míchání restujte na vysoké teplotě 1 minutu. Zamíchejte půl na půl.

b) Vařte za stálého míchání, dokud omáčka nezhoustne. Vložte těstoviny do servírovací misky a zalijte omáčkou z krevet. Posypeme černým pepřem a parmazánem.

c) Ozdobte petrželkou a plátky citronu.

51. Marinara s krevetami

Ingredience

- 1 (16 oz.) plechovka rajčat, nakrájená
- 2 polévkové lžíce mleté petrželky
- 1 stroužek česneku, nasekaný
- 1/2 lžičky sušené bazalky
- 1 lžička soli
- 1/4 lžičky pepře
- 1 lžička sušeného oregana
- 1 (6 oz.) plechovka rajčatového protlaku
- 1/2 lžičky ochucené soli
- 1 lb. vařených vyloupaných krevet
- Strouhaný parmazán
- Vařené špagety

Pokyny

a) V hrnci smíchejte rajčata s petrželkou, česnekem, bazalkou, solí, pepřem, oreganem, rajčatovým protlakem a ochucenou solí. Přikryjte a vařte při nízké teplotě 6 až 7 hodin.

b) Otočte ovládání na vysokou úroveň, vmíchejte krevety, přikryjte a vařte na vysoké teplotě dalších 10 až 15 minut. Podávejte přes uvařené špagety.

c) Navrch dáme parmazán.

52. Krevety Newburg

Ingredience

- 1-libra krevety, vařené, deveined
- 4 unce mohou houby
- 3 vejce natvrdo, oloupaná a nakrájená
- 1/2 šálku parmazánu
- 4 lžíce másla
- 1/2 cibule, nakrájená
- 1 stroužek česneku, nasekaný
- 6 lžic mouky
- 3 šálky mléka
- 4 lžíce suchého sherry
- worcestrová omáčka
- Sůl a pepř
- Tabasco omáčka

Pokyny

a) Předehřejte troubu na 375 stupňů F.

b) Rozpusťte máslo a poté orestujte cibuli a česnek do měkka. Přidejte mouku. Dobře promíchejte. Postupně za stálého míchání přiléváme mléko. Vaříme, dokud omáčka nezhoustne. Přidejte sherry a koření podle chuti.

c) V samostatné misce smíchejte krevety, houby, vejce a petržel. Přidejte omáčku spolu s 1/4 šálku sýra do směsi krevet. Dobře promíchejte.

d) Nalijte směs do 2-litrové zapékací misky a posypte zbývajícím sýrem. Tečka s máslem.

e) Pečte 10 minut, dokud na povrchu mírně nezhnědnou.

53. Pikantní marinované krevety

Ingredience
- 2 libry Velké krevety, oloupané a zbavené žilek
- 1 lžička soli
- 1 citron, nakrájený na polovinu
- 8 šálků vody
- 1 šálek bílého vinného octa nebo estragonového octa
- 1 šálek olivového oleje
- 1–2 chilli papričky Serrano (více nebo méně, podle chuti), zbavená semínek a žilek, jemně nasekané
- $\frac{1}{4}$ šálku čerstvého koriandru, nasekaného
- 2 velké stroužky česneku, nasekané nebo protlačené lisem na česnek
- 2 čajové lžičky čerstvého koriandru, nasekaného (v případě potřeby)
- 3 zelené cibule (pouze bílá část), nasekané
- Čerstvě mletý černý pepř, podle chuti

Pokyny
a) Smíchejte vodu, sůl a půlky citronu v holandské troubě a přiveďte k varu. Přidejte krevety, promíchejte a vařte 4–5 minut doměkka. Odstraňte z ohně a sceďte.
b) Smíchejte ocet, olivový olej, chilli, koriandr a česnek ve velkém plastovém sáčku na zip nebo v jiné plastové nádobě. Přidejte uvařené krevety a dejte do lednice na 12 hodin nebo přes noc, několikrát je obraťte.

c) Chcete-li podávat, slijte tekutinu z krevet. Ve velké misce smíchejte chlazené krevety s dalším koriandrem, zelenou cibulkou a černým pepřem a dobře promíchejte. Uspořádejte do servírovací misky a ihned podávejte.

54. Pikantní singapurské krevety

Ingredience

- 2 libry velkých krevet
- 2 lžíce kečupu
- 3 lžíce Sriracha
- 2 lžíce citronové šťávy
- 2 lžíce sójové omáčky
- 1 lžíce cukru
- 2 střední jalapeño, se semínky a mleté
- bílá cibule z 1 stonku citronové trávy, mletá
- 1 lžíce čerstvého zázvoru, mletého
- 4 jarní cibulky, nakrájené na tenké plátky
- 1/4 šálku koriandru, nasekaného

Pokyny

a) Smíchejte kečup, ocet (pokud používáte), chilli omáčku, citronovou šťávu, sójovou omáčku a cukr.

b) Ve velké pánvi rozehřejte trochu rostlinného oleje a vařte krevety na vysoké teplotě. Když začnou růžovět, otočte je.

c) Přidejte trochu více oleje a jalapeño, česnek, citronovou trávu a zázvor. Často mícháme, dokud se směs neprohřeje. Upozornění: bude lahodně vonět. Snažte se neztrácet pozornost.

d) Cibulku a kečupovou směs opékejte na pánvi po dobu 30 sekund, poté vmíchejte nasekaný koriandr. Krevety podávejte s rýží.

e)

55. Starlight krevety

Ingredience

- 6 šálků vody
- 2 polévkové lžíce soli
- 1 citron, rozpůlený
- 1 řapíkatý celer, nakrájený na 3palcové kousky
- 2 bobkové listy
- Špetka kajenského pepře
- 1/4 šálku petrželky, mleté
- 1 balení Rak/Krab/Krevety var
- 2 libry neloupané krevety čerstvě ulovené v Mobile Bay
- 1 nádoba koktejlové omáčky

Pokyny

a) Krevetám nakrájíme hlavy.
b) Smíchejte prvních 8 ingrediencí ve velkém hrnci nebo holandské troubě. Přiveďte k varu. Přidejte krevety ve skořápkách a vařte asi 5 minut, dokud nezrůžoví. Dobře slijte studenou vodou a vychlaďte.
c) Krevety oloupejte a zbavte je, poté uložte do vychlazené chladničky.
d)

CHOBOTNICE

56. Chobotnice na červeném víně

Ingredience

- 1 kg (2,25 lb) mladé chobotnice
- 8 polévkových lžic olivového oleje
- 350 g (12 oz) malé cibule nebo šalotky 150 ml (0,25 pinty) červeného vína 6 polévkových lžic červeného vinného octa
- 225 g (8 oz) konzervovaných rajčat, nahrubo nasekaných 2 polévkové lžíce rajčatového protlaku
- 4 bobkové listy
- 2 lžičky sušeného oregana
- Černý pepř
- 2 lžíce nasekané petrželky

Pokyny

a) Nejprve očistěte chobotnici. Vytáhněte chapadla, vyjměte a vyhoďte vnitřnosti a inkoustový váček, oči a zobák. Chobotnici stáhněte a důkladně ji omyjte a vydrhněte, abyste odstranili veškeré stopy písku. Nakrájejte ho na 4–5 cm (1,5–2 palce) kousky a vložte do hrnce na střední teplotu, aby se uvolnila tekutina. Chobotnici míchejte, dokud se tato tekutina neodpaří. Nalijte na olej a chobotnici promíchejte, aby se ze všech stran opekla. Přidejte celou cibuli a vařte je za stálého míchání jednou nebo dvakrát, dokud se mírně nezbarví.

b) Přidejte víno, ocet, rajčata, rajčatový protlak, bobkové listy, oregano a několik mletých pepřů. Dobře promíchejte, pánev přikryjte a vařte 1-1,25 hodiny velmi doměkka a občas kontrolujte, zda omáčka nevyschla. Pokud ano - a to by se stalo pouze v případě, že by bylo teplo příliš vysoké - přidejte trochu vína nebo vody. Chobotnice je uvařená, když ji lze snadno propíchnout špejlí.

c) Omáčka by měla být hustá, jako tekutá pasta. Pokud se nějaká tekutina oddělí, sundejte z pánve poklici, mírně zvyšte plamen a míchejte, dokud se část tekutiny neodpaří a omáčka nezhoustne. Vyhoďte bobkové listy a vmíchejte petrželku. Omáčku ochutnejte a případně dochuťte. Podávejte, pokud chcete, s rýží a salátem. Řeckou nezbytností je venkovský chléb na vytírání omáčky.

PODÁVÁNÍ 4-6

57. Nakládaná chobotnice

Ingredience

- 1 kg (2,25 lb) mladé chobotnice
- asi 150 ml (0,25 pinty) olivového oleje
- asi 150 ml (0,25 pinty) červeného vinného octa
  4 stroužky česneku
- sůl a černý pepř 4–6 stonků tymiánu nebo 1 lžíce sušeného tymiánu měsíčky citronu, k podávání

Pokyny

a) Připravte a omyjte chobotnici (jako v Chobotnici na červeném víně). Umístěte hlavu a chapadla do pánve s 6-8 polévkovými lžícemi vody, přikryjte a vařte 1-1,25 hodiny, dokud nezměkne. Vyzkoušejte to špejlí. Slijte veškerou zbývající tekutinu a nechte ji vychladnout.

b) Nakrájejte dužinu na 12 mm (0,5 palce) proužky a volně je zabalte do sklenice se šroubovacím uzávěrem. Smíchejte tolik oleje a octa, abyste naplnili sklenici – přesné množství bude záviset na relativním objemu mořských plodů a nádoby – vmíchejte česnek a dochuťte solí a pepřem. Pokud používáte sušený tymián, smíchejte ho v této fázi s tekutinou. Nalijte ji na chobotnici a ujistěte se, že každý poslední kousek je zcela ponořený. Pokud používáte stonky tymiánu, zatlačte je do sklenice.

c) Sklenici zakryjte a před použitím ji odložte alespoň na 4-5 dní.

d) Při podávání chobotnici sceďte a podávejte na malých jednotlivých talířcích nebo talířcích s měsíčky citronu.

e) Obvyklou přílohou jsou kostky nejméně jeden den starého chleba napíchnuté na koktejlových tyčinkách.

SLUŽBA 8

58. Chobotnice Vařené Ve Víně

Ingredience

- 1 3/4 lb. chobotnice (rozmražená)
- 4 polévkové lžíce. olivový olej
- 2 velké cibule nakrájené na plátky
- sůl a pepř
- 1 bobkový list
- 1/4 šálku suchého bílého vína

Pokyny

a) Odstraňte část hlavy z chobotnice. Čistý. Umyjte paže.

b) Chobotnici nakrájejte na kousky o velikosti sousta.

c) Vařte na olivovém oleji na středním plameni asi 10 minut a pravidelně otáčejte.

d) Přidejte cibuli, koření a víno. Přikryjeme a dusíme doměkka, dokud chobotnice nezměkne, asi 15 minut.

Slouží 4

59. Sicilská grilovaná malá chobotnice

VYDÁVÁ 4 porce

Ingredience

- 2½ libry očištěné a zmrazené chobotnice
- 2 šálky plného červeného vína, např
- Pinot Noir nebo Cabernet Sauvignon
- 1 malá cibule, nakrájená na plátky
- 1 lžička zrnek černého pepře
- lžička celého hřebíčku
- 1 bobkový list
- 1 šálek sicilské citrusové marinády
- ¾ šálku vypeckovaných a hrubě nasekaných sicilských nebo cerignolských zelených oliv
- 3 unce listů baby rukoly
- 1 lžíce nasekané čerstvé máty
- Hrubá mořská sůl a čerstvě mletý černý pepř

Pokyny

a) Opláchněte chobotnici a vložte ji do polévkového hrnce s vínem a dostatečným množstvím vody na zakrytí. Přidejte cibuli, kuličky pepře, hřebíček a bobkový list. Přiveďte k varu na vysoké teplotě a poté snižte teplotu na středně nízkou, zakryjte a vařte doměkka, dokud není chobotnice dostatečně měkká, aby se do ní snadno dostal nůž, 45 minut až 1 hodinu. Osušte chobotnici a vylijte tekutinu nebo sceďte a rezervujte na vývar z mořských plodů nebo rizoto. Když je chobotnice dostatečně vychladlá, aby se dala zvládnout, odřízněte chapadla u hlavy.

b) Smíchejte chobotnici a marinádu v 1-galonovém sáčku na zip. Vytlačte vzduch, uzavřete sáček a dejte na 2 až 3 hodiny do chladničky. Zapalte gril pro přímé středně vysoké teplo, asi 450¼F.

c) Vyjměte chobotnici z marinády, osušte a nechte 20 minut stát při pokojové teplotě. Marinádu sceďte do hrnce a na středním plameni přiveďte k varu. Přidejte olivy a stáhněte z ohně.

d) Grilovací rošt potřeme a potřeme olejem. Chobotnici grilujte přímo nad žárem, dokud nebude pěkně opečená, 3 až 4 minuty z každé strany, přičemž na chobotnici jemně zatlačte, aby se dobře opekla. Rukolu naaranžujte na talíř nebo talíře a navrch dejte chobotnici. Na každou porci přidejte trochu teplé omáčky, včetně velkého množství oliv. Posypeme mátou, solí a černým pepřem.

e)

HRUBANY

60. Koláč z mořských plodů

Ingredience

- 1/2 šálku suchého bílého vína
- 1 libra mořských mušlí, pokud jsou velmi velké, nakrájíme na polovinu
- 1 velká pečící brambora, oloupaná a nakrájená na 1/2 palcové kostky
- 3 lžíce másla, změkl
- 1/2 šálku oloupaného a nasekaného koláčového jablka
- 1 velká mrkev, mletá
- 1 celerové žebro, mleté
- 1 velká cibule, nasekaná
- 1 stroužek česneku, nasekaný
- 1 1/2 šálku kuřecího vývaru
- 1/4 šálku husté smetany
- 2 lžíce univerzální mouky
- 3/4 lžičky soli
- 1/2 lžičky čerstvě mletého bílého pepře Špetka kajenského pepře
- 1 libra středních krevet, vyloupaných a zbavených
- 1 šálek kukuřičných zrn
- 1 malá sklenice (3 1/2 unce) proužky pimienta
- 2 lžíce mleté petrželky
- Vločkové pečivo

Pokyny

a) Ve středně nereaktivním hrnci přiveďte víno k varu na vysoké teplotě. Přidejte mušle a vařte, dokud nebudou úplně neprůhledné, asi 1 minutu. Sceďte mušle, rezervujte si tekutinu. V dalším středně velkém hrnci s vroucí osolenou vodou vařte brambory do měkka, 6 až 8 minut; scedíme a dáme stranou.

b) Předehřejte troubu na 425 F. Ve velkém hrnci rozpusťte na středně vysoké teplotě 2 lžíce másla. Přidejte jablko, mrkev, celer a cibuli a vařte, dokud směs nezměkne a nezačne hnědnout, asi 6 minut. Přidejte česnek a vařte ještě 1 minutu. Zalijte kuřecím vývarem a zvyšte plamen na vysokou teplotu. Vařte, dokud se většina tekutiny neodpaří, asi 5 minut.

c) Jablečno-zeleninovou směs přendejte do kuchyňského robotu. Pyré do hladka. Vraťte do hrnce a vmíchejte odloženou tekutinu z mušle a hustou smetanu.

d) V malé misce smíchejte mouku se zbývající 1 lžící másla, abyste vytvořili pastu. Hřebenatkovou smetanu přiveďte k varu na mírném ohni. Postupně zašleháme máslovou pastu. Přiveďte k varu, šlehejte dokud

e)

61. Pečené mušle s česnekovou omáčkou

Ingredience

- 1 1/2 libry mušle, nakrájené na poloviny
- 3 stroužky česneku, rozmačkané
- 1/4 šálku (1/2 tyčinky) margarínu, rozpuštěného
- 10 pevných bílých hub, nakrájených na plátky
- Lehká špetka cibulové soli
- Špetka čerstvě nastrouhaného pepře
- 1/3 šálku ochucené strouhanky
- 1 lžička jemně nasekané čerstvé petrželky

Pokyny

a) Otřete mušle navlhčenou papírovou utěrkou. Rozmačkejte stroužky česneku a přidejte do margarínu; dobře promíchejte, aby se promíchaly. Udržet v teple. Nalijte trochu rozpuštěné česnekové omáčky na dno pekáče; přidáme houby a okořeníme.

b) Na houby položte mušle. Nechte si 1 polévkovou lžíci česnekové omáčky a zbytkem pokapejte mušle.

c) Posypeme strouhankou, petrželkou a česnekovou omáčkou. Pečte v předehřáté troubě na 375 stupňů F, dokud není vršek pěkně hnědý a horký.

62. Provensálské mušle

Ingredience

- 2 lžičky olivového oleje
- 1 libra mořských mušlí
- 1/2 šálku na tenké plátky nakrájené cibule, rozdělené na kroužky 1 stroužek česneku, nasekaný
- 1 šálek nakrájených běžných nebo švestkových rajčat
- 1/4 šálku nakrájených zralých oliv
- 1 lžíce sušené bazalky
- 1/4 lžičky sušeného tymiánu
- 1/8 lžičky soli
- 1/8 lžičky čerstvě mletého pepře

Pokyny

a) Zahřejte olivový olej na velké nepřilnavé pánvi na středně vysokou teplotu. Přidejte mušle a restujte 4 minuty nebo dokud nebudou hotové.

b) Odstraňte mušle z pánve děrovanou lžící; dáme stranou a udržujeme v teple.

c) Do pánve přidejte kolečka cibule a česnek a restujte 1–2 minuty. Přidejte rajčata a zbývající ingredience a restujte 2 minuty nebo do změknutí.

Lžíce omáčky na mušle

63. Hřebenatky s omáčkou z bílého másla

Ingredience

- 750 g (1 = lb.) hřebenatek
- 1 šálek bílého vína
- 90 g (3 oz) sněhového hrášku nebo na tenké plátky nakrájené zelené fazolky
- pár pažitky na ozdobu
- sůl a čerstvě mletý pepř
- trochu citronové šťávy
- 1 polévková lžíce nakrájené zelené cibule 125 g (4 ozs)
- máslo nakrájené na kousky

Pokyny

a) Odstraňte všechny vousy z hřebenatek a poté omyjte. Opatrně vyjměte jikry a položte na papírové ručníky, aby oschly. Dochuťte solí a pepřem.

b) Hřebenatky a jikry povařte ve víně a citronové šťávě cca. 2 minuty. Vyjměte a udržujte v teple. Sněhový hrášek vhoďte na 1 minutu do vroucí osolené vody, sceďte, to samé udělejte s fazolemi, pokud používáte.

c) Přidejte zelenou cibulku do pošírovací tekutiny a zredukujte asi na 1/2 šálku. Na mírném ohni po troškách přidávejte máslo a šlehejte, aby vznikla omáčka (konzistence smetany).

d) Podáváme s křupavým chlebem na potření krásné omáčky.

TRESKÉRKA

64. Treska jednoskvrnná s bylinkovým máslem

Vyrobí 4 porce

Ingredience
Bylinkové máslo:

- 1 šálek (2 tyčinky) nesoleného másla, změkčeného
- $\frac{1}{2}$ šálku volně balené bazalky
- $\frac{1}{2}$ šálku volně balené petrželky
- $\frac{1}{2}$ šalotky
- 1 malý stroužek česneku
- $\frac{1}{2}$ lžičky soli
- 1/8 lžičky pepře

Karamelizovaná cibule:

- 1-lžíce másla
- 2 velké cibule, nakrájené na plátky
- $\frac{1}{2}$ lžičky soli
- $\frac{1}{4}$ lžičky čerstvě mletého černého pepře
- 2 lžíce čerstvých lístků tymiánu nebo 1 lžička sušeného
- 2 libry tresky jednoskvrnné
- 3 rajčata, nakrájená na plátky

Pokyny
a) Bylinkové máslo připravíme tak, že změklé máslo, bazalku, petržel, šalotku,

česnek, sůl a pepř zpracujeme dohromady.

b) Přendejte máslo na kus plastové fólie a z másla vytvarujte poleno. Zabalte jej do plastové fólie a ochlaďte nebo zmrazte. Máslo a olej rozehřejte na střední pánvi na středně mírném ohni.

c) Přidejte cibuli a za občasného míchání vařte, dokud nezačnou měknout, asi 15 minut.

d) Přidejte sůl a pepř; mírně zvyšte teplotu a vařte dozlatova za občasného míchání 30 až 35 minut. Vmícháme tymián.

e) Předehřejte troubu na 375°. Naolejujte pánev 9 x 13 palců.

f) Na dno pánve rozprostřete cibuli a na cibuli položte tresku jednoskvrnnou.

g) Tresku zakryjte nakrájenými rajčaty.

h) Pečte, dokud treska není uprostřed ještě trochu neprůhledná (asi 20 minut). Po vyjmutí z trouby bude pokračovat v pečení.

i) Nakrájejte bylinkové máslo na $\frac{1}{4}$-palcové medailonky a položte je na rajčata a podávejte.

65. Cajun kořeněná treska jednoskvrnná

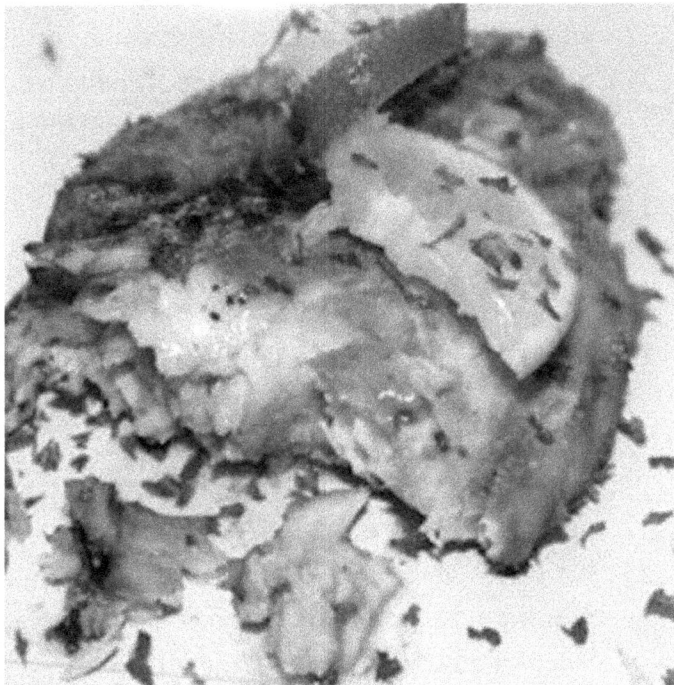

Ingredience

- 1 filet z tresky jednoskvrnné
- Hladká mouka
- 1 lžička cajunského koření
- 75 g ananasu nakrájeného na kostičky
- 1 jarní cibulka
- 10 g červené cibule
- 10 g červené papriky
- 10g Olivový olej

Pokyny

a) Na salsu nakrájejte ananas zhruba na 1 cm kostky, najemno nakrájejte červenou cibuli, 1 jarní cibulku a pečenou a oloupanou červenou papriku. Přidejte olej a červený vinný ocet a nechte v zakryté misce při pokojové teplotě 1 hodinu.

b) Smíchejte mouku s cajunským kořením a obalte ochucený filet z tresky.

c) Na pánvi opečte tresku a podávejte přelitou salsou.

66. Polévka z tresky jednoskvrnné, pórku a brambor

Ingredience

- 1/4 filet z tresky jednoskvrnné
- 25 g nakrájeného pórku
- 25 g nakrájených brambor
- 15 g cibule nakrájené na kostičky
- 250 ml smetany
- 100 ml rybího vývaru
- Nasekaná petržel

Pokyny

a) Na pánvi orestujte omytý a nakrájený pórek.

b) Když pórek změkne, přidejte brambory a cibuli.

c) Jakmile je zelenina teplá, přidejte smetanu a vývar a přiveďte k varu. Ztlumte do varu a přidejte nakrájenou tresku jednoskvrnnou.

d) Vařte 10 minut a při podávání přidejte nasekanou petrželku.

67. Uzená treska jednoskvrnná a rajčatové chutney

Ingredience:

- 3 x 175 g uzeného filetu z tresky jednoskvrnné
- 30 malých hotových košíčků na tartaletky

Rarebit

- 325 g silného sýra Cheddar
- 75 ml mléka
- 1 žloutek
- 1 celé vejce
- 1/2 lžičky hořčičného prášku
- 30 g hladké mouky
- 1/2 lžičky Worcesterové omáčky, Tabasco omáčky
- 25 g čerstvé bílé strouhanky
- Koření

Rajčatové chutney

- 15 g kořenového zázvoru
- 4 červené chilli papričky
- 2 kg červených rajčat
- 500 g jablek, oloupaných a nakrájených
- 200 g sultánek
- 400 g nakrájené šalotky na kousky
- Sůl

- 450 g hnědého cukru
- 570 ml sladového octa

Pokyny

a) Tresku jednoskvrnnou dobře osolte a vložte do trouby s trochou olivového oleje a pečte asi 5–6 minut.

b) Sýr nastrouháme a přidáme do pánve s mlékem a na pánvi mírně zahřejeme, dokud se nerozpustí, sejmeme z ohně a necháme vychladnout.

c) Přidejte celé vejce a žloutek, hořčici, strouhanku a špetku worcesteru a tabasca, okořeňte a nechte vychladnout.

d) Tresku jednoskvrnnou nakrájejte na vločky, abyste odstranili všechny kosti, a na dno dortů vložte chutney, navrch přidejte rybí vločky. Předehřejte gril na vysokou teplotu a navrch tresku dejte ražniči a dejte pod gril, dokud není nahoře zlatavě hnědá.

e) Vyjměte tresku z grilu a ihned podávejte.

LOSOS

68.   Kouzelný pečený losos

(vyrobí 1 porci)

Ingredience

- 1 filet z lososa
- 2 lžičky Losos Magic
- Máslo nesolené, rozpuštěné

Pokyny

a) Zahřejte troubu na 450 F.

b) Vršek a boky filetu lososa lehce potřete rozpuštěným máslem. Menší plech potřete rozpuštěným máslem.

c) Vršek a boky filetu z lososa okořeňte Lososovým kouzlem. Pokud je filet hustý, použijte ještě trochu Salmon Magic. Jemně vtlačte koření.

d) Filet položte na plech a pečte, dokud není vršek zlatohnědý a filet je právě propečený. Aby byl losos vlhký, růžový, nepřevařujte. Ihned podávejte.

e) Doba vaření: 4 až 6 minut.

69. Losos s granátovým jablkem a quinoou

Porce: 4 porce

Ingredience

- 4 filety lososa bez kůže
- $\frac{3}{4}$ šálku šťávy z granátového jablka, bez cukru (nebo odrůda s nízkým obsahem cukru)
- $\frac{1}{4}$ šálku pomerančové šťávy, bez cukru
- 2 polévkové lžíce pomerančové marmelády/džemu
- 2 polévkové lžíce česneku, mletého
- Sůl a pepř na dochucení
- 1 šálek quinoa, uvařené podle balení
- Pár snítek koriandru

Pokyny:

a) Ve střední misce smíchejte šťávu z granátového jablka, pomerančový džus, pomerančovou marmeládu a česnek. Dochuťte solí a pepřem a dochuťte podle chuti.

b) Předehřejte troubu na 400 F. Zapékací mísu vymažeme změklým máslem. Umístěte lososa na pekáč a mezi filety ponechejte 1-palcový prostor.

c) Lososa vařte 8-10 minut. Poté pánev opatrně vyndejte z trouby a vlijte do ní směs z granátového jablka. Ujistěte se, že vršek lososa je rovnoměrně potažen směsí. Vraťte lososa do trouby a pečte dalších 5 minut, nebo dokud není úplně propečený a směs z granátového jablka se změní na zlatavou polevu.

d) Zatímco se losos vaří, připravte si quinou. Vařte 2 šálky vody na středním plameni a přidejte quinou. Vařte 5-8 minut nebo dokud se voda nevstřebá. Odstavte oheň, quinou načechrejte vidličkou a vraťte poklici. Ve zbylém teple nechte quinou vařit dalších 5 minut.

e) Lososa s granátovým jablkem přeneste do servírovací misky a posypte čerstvě nasekaným koriandrem. Lososa podáváme s quinoou.

70. Pečený losos a sladké brambory

Porce: 4 porce

Ingredience

- 4 filety lososa, zbavené kůže
- 4 středně velké sladké brambory, oloupané a nakrájené na 1 palec silné
- 1 šálek růžičky brokolice
- 4 polévkové lžíce čistého medu (nebo javorového sirupu)
- 2 polévkové lžíce pomerančové marmelády/džemu
- 1 1-palcový knoflík čerstvého zázvoru, nastrouhaný
- 1 lžička dijonské hořčice
- 1 polévková lžíce sezamových semínek, opražených
- 2 polévkové lžíce nesoleného másla, rozpuštěného
- 2 lžičky sezamového oleje
- Sůl a pepř na dochucení
- Jarní cibulka/cibulka, čerstvě nakrájená

Pokyny:

a) Předehřejte troubu na 400 F. Pekáč vymažeme rozpuštěným nesoleným máslem.

b) Do pánve dejte nakrájené batáty a růžičky brokolice. Lehce dochutíme solí, pepřem a lžičkami sezamového oleje. Ujistěte se, že je zelenina lehce potažená sezamovým olejem.

c) Brambory a brokolici pečte 10-12 minut.

d) Zatímco je zelenina ještě v troubě, připravte si sladkou polevu. Do mixovací nádoby přidejte med (nebo javorový sirup), pomerančový džem, nastrouhaný zázvor, sezamový olej a hořčici.

e) Opatrně vyjměte pekáč z trouby a zeleninu rozložte na stranu, aby bylo místo pro ryby.

f) Lososa lehce dochutíme solí a pepřem.

g) Filety lososa položte doprostřed pekáče a nalijte na lososa a zeleninu sladkou polevu.

h) Vraťte pánev do trouby a pečte dalších 8–10 minut, nebo dokud losos nezměkne.

i) Přeneste lososa, sladké brambory a
   brokolici na pěkný servírovací talíř.
   Ozdobte sezamovými semínky a jarní
   cibulkou.

71. Pečený losos s omáčkou z černých fazolí

Porce: 4 porce

Ingredience

- 4 filety z lososa, zbavené kůže a špendlíkových kostí
- 3 polévkové lžíce omáčky z černých fazolí nebo česnekové omáčky z černých fazolí
- $\frac{1}{2}$ šálku kuřecího vývaru (nebo zeleninového vývaru jako zdravější náhrady)
- 3 polévkové lžíce česneku, mletého
- 1 1-palcový knoflík čerstvého zázvoru, nastrouhaný
- 2 polévkové lžíce sherry nebo saké (nebo jakéhokoli vína na vaření)
- 1 polévková lžíce citronové šťávy, čerstvě vymačkané
- 1 polévková lžíce rybí omáčky
- 2 polévkové lžíce hnědého cukru
- $\frac{1}{2}$ lžičky červených chilli vloček
- Čerstvé lístky koriandru, jemně nasekané
- Jarní cibulka jako ozdoba

Pokyny:

a) Velký pekáč vymažte tukem nebo jej vyložte pečicím papírem. Předehřejte troubu na 350 F.

b) Smíchejte kuřecí vývar a omáčku z černých fazolí ve střední misce. Přidejte mletý česnek, nastrouhaný zázvor, sherry, citronovou šťávu, rybí omáčku, hnědý cukr a chilli vločky. Důkladně promíchejte, dokud se hnědý cukr úplně nerozpustí.

c) Filety lososa přelijte omáčkou z černých fazolí a nechte lososa plně absorbovat směs černých fazolí po dobu alespoň 15 minut.

d) Lososa přendáme do pekáče. Vařte 15-20 minut. Ujistěte se, že losos v troubě příliš nevysuší.

e) Podávejte s nasekaným koriandrem a jarní cibulkou.

72. Paprikový grilovaný losos se špenátem

Porce: 6 porcí

Ingredience

- 6 filetů z růžového lososa o tloušťce 1 palec
- $\frac{1}{4}$ šálku pomerančové šťávy, čerstvě vymačkané
- 3 lžičky sušeného tymiánu
- 3 polévkové lžíce extra panenského olivového oleje
- 3 lžičky mleté sladké papriky
- 1 lžička skořice v prášku
- 1 polévková lžíce hnědého cukru
- 3 šálky špenátových listů
- Sůl a pepř na dochucení

Pokyny:

a) Filety lososa z každé strany lehce potřete trochou oliv, poté dochuťte mletou paprikou, solí a pepřem. Odstavte na 30 minut při pokojové teplotě.

Necháme lososa absorbovat paprikovou drť.

b) V malé misce smíchejte pomerančovou šťávu, sušený tymián, skořici a hnědý cukr.

c) Předehřejte troubu na 400 F. Lososa přendejte do alobalem vyloženého pekáče. Nalijte marinádu na lososa. Lososa vařte 15-20 minut.

d) Do velké pánve přidejte lžičku extra panenského olivového oleje a špenát vařte asi pár minut nebo dokud nezvadne.

e) Upečeného lososa podávejte se špenátem na boku.

73. Lososové teriyaki se zeleninou

Porce: 4 porce

Ingredience

- 4 filety z lososa, zbavené kůže a špendlíkových kostí
- 1 velký sladký brambor (nebo jednoduše brambor), nakrájený na kousky velikosti sousta
- 1 velká mrkev, nakrájená na kousky
- 1 velká bílá cibule, nakrájená na měsíčky
- 3 velké papriky (zelená, červená a žlutá), nakrájené
- 2 šálky růžičky brokolice (lze nahradit chřestem)
- 2 polévkové lžíce extra panenského olivového oleje
- Sůl a pepř na dochucení
- Jarní cibulky nakrájené nadrobno
- Teriyaki omáčka
- 1 šálek vody
- 3 polévkové lžíce sójové omáčky
- 1 lžíce česneku, mletého
- 3 polévkové lžíce hnědého cukru
- 2 polévkové lžíce čistého medu

- 2 lžíce kukuřičného škrobu (rozpuštěné ve 3 lžících vody)
- ½ polévkové lžíce pražených sezamových semínek

Pokyny:

a) V malé pánvi rozšlehejte na mírném ohni sójovou omáčku, zázvor, česnek, cukr, med a vodu. Průběžně mícháme, dokud se směs pomalu nerozvaří. Vmíchejte vodu z kukuřičného škrobu a počkejte, až směs zhoustne. Přidejte sezamová semínka a dejte stranou.

b) Velký pekáč vymažte nesoleným máslem nebo sprejem na vaření. Předehřejte troubu na 400 F.

c) Do velké mísy vysypte všechnu zeleninu a pokapejte olivovým olejem. Dobře promíchejte, dokud nebude zelenina dobře obalená olejem. Dochutíme čerstvě mletým pepřem a trochou soli. Zeleninu přendejte do pekáče. Zeleninu rozložte do stran a ve středu zapékací mísy nechte trochu místa.

d) Umístěte lososa do středu pekáče. Nalijte 2/3 teriyaki omáčky k zelenině a lososu.

e) Lososa pečte 15-20 minut.

f) Pečeného lososa a pečenou zeleninu přeneste na pěkný servírovací talíř. Zalijte zbylou teriyaki omáčkou a ozdobte nakrájenou jarní cibulkou.

74. Losos na asijský způsob s nudlemi

Porce: 4 porce

Ingredience

Losos

- 4 filety lososa, zbavené kůže
- 2 polévkové lžíce praženého sezamového oleje
- 2 polévkové lžíce čistého medu
- 3 polévkové lžíce světlé sójové omáčky
- 2 polévkové lžíce bílého octa
- 2 polévkové lžíce česneku, mletého
- 2 polévkové lžíce čerstvého zázvoru, nastrouhaného
- 1 lžička pražených sezamových semínek
- Nakrájená jarní cibulka na ozdobu

Rýžové nudle

- 1 balení asijských rýžových nudlí

Omáčka

- 2 polévkové lžíce rybí omáčky
- 3 polévkové lžíce limetkové šťávy, čerstvě vymačkané
- Chilli vločky

Pokyny:

a) Na lososovou marinádu smíchejte sezamový olej, sójovou omáčku, ocet, med, mletý česnek a sezamová semínka. Nalijte do lososa a nechte rybu 10-15 minut marinovat.

b) Lososa vložíme do zapékací misky, kterou lehce vymažeme olivovým olejem. Vařte 10-15 minut při 420F.

c) Zatímco je losos v troubě, uvařte rýžové nudle podle návodu na obalu. Dobře sceďte a přendejte do jednotlivých misek.

d) Rybí omáčku, limetkovou šťávu a chilli vločky smícháme a vlijeme do rýžových nudlí.

e) Naplňte každou misku s nudlemi čerstvě upečenými filety lososa. Ozdobte jarní cibulkou a sezamovými semínky.

75. Pošírovaný losos v rajčatovém česnekovém vývaru

Slouží 4

Ingredience

- 8 stroužků česneku
- šalotka
- lžičky extra panenského olivového oleje
- 5 zralých rajčat
- 1 1/2 šálku suchého bílého vína
- 1 šálek vody
- 8 snítek tymiánu 1/4 lžičky mořské soli
- 1/4 lžičky čerstvého černého pepře
- 4 filety z lososa Copper River Sockeye s bílým lanýžovým olejem (volitelně)

Pokyny

a) Oloupejte a nahrubo nasekejte stroužky česneku a šalotku. Do velké dušené nádoby nebo na pánev s pokličkou dejte olivový olej, česnek a šalotku. Vypotíme na středně mírném ohni do změknutí, asi 3 minuty.

b) Do pánve dejte rajčata, víno, vodu, tymián, sůl a pepř a přiveďte k varu.

Jakmile se vaří, snižte teplotu na mírný plamen a přikryjte.

c) Vařte 25 minut, dokud rajčata neprasknou a uvolní šťávu. Vařečkou nebo stěrkou rajčata rozdrťte na kaši. Odkryté dusíme dalších 5 minut, dokud se vývar trochu nezredukuje.

d) Zatímco se vývar stále vaří, vložíme do vývaru lososa. Přikryjte a vařte jen 5 až 6 minut, dokud se ryba snadno neloupe. Rybu dejte na talíř a dejte stranou. Do velké mísy dejte cedník a do cedníku nalijte zbývající vývar. Vývar sceďte, zbylé pevné látky vyhoďte. Ochutnejte vývar a v případě potřeby přidejte sůl a pepř.

e) K tomuto jídlu se hodí jednoduchá máslová bramborová kaše nebo dokonce opečené brambory. Poté přidejte restovaný chřest a pošírovaného lososa.

f) Scezeným vývarem zalijeme lososa. Podle potřeby přidejte kapku oleje z bílých lanýžů. Sloužit.

76. Pošírovaný losos

Ingredience

- Malé filety z lososa, přibližně 6 uncí

Pokyny

a) Do malé 5-6palcové pánve na smažení dejte asi půl palce vody, zakryjte ji, zahřejte vodu, aby se vařila, a pak vložte filet zakrytý na čtyři minuty.

b) K lososu nebo do vody přidejte jakékoli koření, které máte rádi.

c) Čtyři minuty opustí centrum nedovařené a velmi šťavnaté.

d) Filet necháme trochu vychladnout a nakrájíme ho na palec a půl široké kousky.

e) Přidejte do salátu včetně hlávkového salátu (jakéhokoli druhu) dobrých rajčat, pěkného zralého avokáda, červené cibule, krutonů a jakéhokoli chutného dresingu.

77. Pošírovaný losos se zelenou bylinkovou salsou

Porce: 4 porce

Ingredience

- 3 šálky vody
- 4 sáčky zeleného čaje
- 2 velké filety z lososa (asi 350 gramů každý)
- 4 polévkové lžíce extra panenského olivového oleje
- 3 polévkové lžíce citronové šťávy, čerstvě vymačkané
- 2 lžíce čerstvě nasekané petrželky
- 2 polévkové lžíce bazalky, čerstvě nasekané
- 2 polévkové lžíce oregana, čerstvě nakrájeného
- 2 polévkové lžíce asijské pažitky, čerstvě nasekané
- 2 lžičky lístků tymiánu
- 2 lžičky česneku, mletého

Pokyny:

a) Ve velkém hrnci přiveďte k varu vodu. Přidejte sáčky zeleného čaje a poté odstraňte z tepla.

b) Čajové sáčky nechte 3 minuty louhovat. Vylovte čajové sáčky z konvice a přiveďte k varu vodu s čajem. Přidejte lososa a snižte teplotu.

c) Filety lososa pošírujte, dokud nebudou ve střední části neprůhledné. Lososa vařte 5–8 minut nebo dokud nebude úplně uvařený.

d) Lososa vyjmeme z hrnce a dáme stranou.

e) Do mixéru nebo kuchyňského robotu nasypte všechny čerstvě nasekané bylinky, olivový olej a citronovou šťávu. Dobře promíchejte, dokud se ze směsi nevytvoří hladká pasta. Pastu dochuťte solí a pepřem. V případě potřeby můžete koření upravit.

f) Pošírovaného lososa podávejte na velkém talíři a posypte čerstvou bylinkovou pastou.

78. Studený salát z pošírovaného lososa

Výtěžek: 2 porce

Ingredience

- 1 lžíce nakrájeného celeru
- 1 lžíce nakrájené mrkve
- 2 lžíce nahrubo nakrájené cibule
- 2 šálky vody
- 1 šálek bílého vína
- 1 bobkový list
- 1½ lžičky soli
- 1 citron; rozpůlit
- 2 snítky petrželky
- 5 kuliček černého pepře
- 9 uncí středově řezaný filet z lososa
- 4 šálky baby špenátu; vyčištěno
- 1 lžíce citronové šťávy
- 1 lžička nakrájené citronové kůry
- 2 lžíce nasekaného čerstvého kopru

- 2 lžíce nasekané čerstvé petrželky

- ½ šálku olivového oleje

- 1½ lžičky nakrájené šalotky

- 1 sůl; ochutnat

- 1 čerstvě mletý černý pepř; ochutnat

Pokyny

a) Na mělkou pánev dejte celer, mrkev, cibuli, víno, vodu, bobkový list, sůl, citron, petržel a kuličky pepře. Přiveďte k varu, snižte plamen a opatrně vložte kousky lososa do vroucí tekutiny, přikryjte a vařte 4 minuty. Mezitím si připravte marinádu.

b) V misce smícháme citronovou šťávu, kůru, kopr, petržel, olivový olej, šalotku, sůl a pepř. Marinádu nalijte do nereaktivní pánve nebo nádoby s plochým dnem a dostatečným prostorem pro uložení vařeného lososa. Nyní vyjměte lososa z pánve a vložte jej do marinády. Necháme 1 hodinu vychladnout.

c) Špenát pokapejte trochou marinády, ochuťte solí a pepřem a rozdělte na dva servírovací talíře. Pomocí děrované stěrky položte lososa na špenát.

79. Pošírovaný losos s lepkavou rýží

Výtěžek: 1 porce

Ingredience

- 5 šálků olivového oleje
- 2 hlavy zázvoru; rozbitý
- 1 Hlavový česnek; rozbitý
- 1 svazek jarní cibulky; rozsekaný
- 4 kusy lososa; (6 uncí)
- 2 šálky japonské rýže; dušená
- $\frac{3}{4}$ šálku Mirin
- 2 jarní cibulky; rozsekaný
- $\frac{1}{2}$ šálku sušených třešní
- $\frac{1}{2}$ šálku sušených borůvek
- 1 list nori; rozpadl se
- $\frac{1}{2}$ šálku citronové šťávy
- $\frac{1}{2}$ šálku rybího vývaru
- $\frac{1}{4}$ šálku ledového vína
- $\frac{3}{4}$ šálku hroznového oleje

- ½ šálku na vzduchu sušené kukuřice

Pokyny

a) V hrnci zahřejte olivový olej na 160 stupňů. Přidejte nastrouhaný zázvor, česnek a jarní cibulku. Směs odstavte z ohně a nechte 2 hodiny vyluhovat. Kmen.

b) Uvařte rýži a poté dochuťte mirinem. Po vychladnutí vmícháme nakrájenou cibulku, usušenou v hrnci. Olivový olej zahřejte na 160 stupňů. Přidejte nastrouhaný zázvor, česnek a jarní cibulku. Vezměte bobule a mořské řasy.

c) Pro přípravu omáčky přiveďte k varu citronovou šťávu, rybí vývar a ledové víno. Sundejte z ohně a vmíchejte hroznový olej. Dochuťte solí a pepřem.

d) Chcete-li ryby pošírovat, zahřejte olej na pošírování v hlubokém hrnci asi na 160 stupňů. Lososa osolte, opepřete a celý kousek ryby jemně ponořte do oleje. Nechte jemně pošírovat asi 5 minut nebo do změknutí.

e) Zatímco se ryba peče, položte na talíř rýžový salát a pokapejte citronovou omáčkou. Pošírovanou rybu položte na rýžový salát, když je pošírovaná.

80. Citrusový filet z lososa

Obsluhuje 4 osoby

Ingredience

- ¾ kg Filet z čerstvého lososa

- 2 lžíce manuka ochuceného nebo obyčejného medu

- 1 lžíce čerstvě vymačkané limetkové šťávy

- 1 lžíce čerstvě vymačkané pomerančové šťávy

- ½ lžičky limetkové kůry

- ½ lžičky pomerančové kůry

- ½ špetky soli a pepře

- ½ limetky nakrájené na plátky

- ½ pomeranč nakrájený na plátky

- ½ hrsti čerstvého tymiánu a mikrobylin

Pokyny

a) Použijte asi 1,5 kg + Fresh Regal Filet z lososa, kůži, vykostěte.

b) Přidejte pomeranč, limetku, med, sůl, pepř a kůru – dobře promíchejte

c) Půl hodiny před vařením filet potřete cukrářským štětcem a tekutými citrusy.

d) Pomeranč a limetky nakrájejte na tenké plátky

e) Pečte na 190 stupňů 30 minut a poté zkontrolujte, může to vyžadovat dalších 5 minut v závislosti na tom, jak preferujete lososa.

f) Vyjměte z trouby a posypte čerstvým tymiánem a mikro bylinkami

81. Lososové lasagne

Obsluhuje 4 osoby

Ingredience

- 2/3 dílu Mléka pro pytláctví

- 2/3 gramu Vařené pláty lasagní

- 2/3 šálku čerstvého kopru

- 2/3 šálku hrášku

- 2/3 šálku parmazánu

- 2/3 kuličky mozzarelly

- 2/3 omáčka

- 2/3 sáčku baby špenátu

- 2/3 šálku smetany

- 2/3 lžičky muškátového oříšku

Pokyny

a) Nejprve si připravte bešamelovou a
    špenátovou omáčku a pošírujte lososa.

Na bešamelovou omáčku rozpustíme máslo v malém hrnci. Mouku promícháme a za stálého míchání několik minut vaříme do zpěnění.

b) Postupně za stálého míchání přilévejte teplé mléko, dokud není omáčka hladká. Za stálého míchání přiveďte k varu, dokud omáčka nezhoustne. Dochutíme solí a pepřem.

c) Chcete-li udělat špenátovou omáčku, nakrájejte a omyjte špenát. S vodou stále ulpívající na listech dejte špenát do velkého hrnce, přikryjte pokličkou a vařte doměkka, dokud listy nezvadnou.

d) Slijte a vymačkejte přebytečnou vodu. Přeneste špenát do mixéru nebo kuchyňského robotu, přidejte smetanu a muškátový oříšek. Luštěniny, aby se spojily, dochuťte solí a pepřem.

e) Předehřejte troubu na 180°C. Vymažte velkou zapékací mísu. Jemně povařte lososa v mléce, dokud se neuvaří, a poté nakrájejte na velké kousky. Vyhoďte mléko.

f) Dno zapékací misky tence pokryjte 1 šálkem bešamelové omáčky.

g) Na omáčku rozprostřete překrývající se vrstvu plátků lasagní, poté rozetřete na vrstvu špenátové omáčky a rovnoměrně na ni položte polovinu kousků lososa. Posypeme trochou nasekaného kopru. Přidejte další vrstvu lasagní, poté přidejte vrstvu bešamelové omáčky a posypte ji hráškem pro hrubé pokrytí.

h) Znovu opakujte vrstvy, takže lasagne, špenát a losos, kopr, lasagne, bešamelová omáčka a pak hrášek. Zakončete poslední vrstvou lasagní a poté tenkou vrstvou bešamelu. Navrch posypeme strouhaným parmazánem a kousky čerstvé mozzarelly.

i) Lasagne pečte 30 minut nebo dokud nejsou horké

82.   Teriyaki filety z lososa

Obsluhuje 4 osoby

Ingredience

- 140 gramů 2 x twin Regal 140 g Čerstvé porce lososa

- 1 šálek(y) moučkového cukru

- 60 ml sójové omáčky

- 60 ml mirin koření

- 60 ml mirin koření

- 1 balení bio nudlí udon

Pokyny

a) Marinujte 4 x 140g kousky lososa Fresh Regal pomocí moučkového cukru, sójové omáčky, mirinové omáčky, všechny 3 ingredience dobře promíchejte a nechte na lososovi 30 minut.

b) Vařte vodu a přidejte organické udon nudle a nechte je rychle vařit 10 minut.

c) Šalotku nakrájíme na tenké plátky a dáme stranou.

d) Porce filetu z lososa opékejte na pánvi na středním až vysokém ohni po dobu 5 minut, poté otočte ze strany na stranu a nalijte další omáčku.

e) Jakmile jsou nudle hotové rozložené na talíři, navrch dejte losos

83. Křupavá kůže z lososa s kaparovým dresinkem

Obsluhuje 4 osoby

Ingredience

- 4 porce čerstvého NZ lososa 140g

- 200 ml prémiového olivového oleje

- 160 ml bílého balzamikového octa

- 2 stroužek česneku rozdrcený

- 4 lžíce nakrájených kapar

- 4 lžíce nasekané petrželky

- 2 lžíce nasekaného kopru

Pokyny

a) Filety lososa obalíme ve 20 ml olivového oleje a dochutíme solí a pepřem.

b) Vařte na vysoké teplotě na nepřilnavé pánvi po dobu 5 minut, otáčejte shora dolů a ze strany na stranu.

c) Zbývající ingredience dejte do mísy a šlehejte, toto je váš dresink, jakmile je losos uvařený, nalijte zálivku na filet kůží nahoru.

d) Podáváme s hruškovým, vlašským, halloumi a rukolovým salátem

84. Filet z lososa s kaviárem

Obsluhuje 4 osoby

Ingredience

- 1 lžička soli

- 1 klínky limetky

- 10 šalotek (cibule) oloupané

- 2 lžíce sójového oleje (extra na kartáčování)

- 250 gramů cherry rajčat rozpůlených

- 1 malá zelená chilli papřička nakrájená na tenké plátky

- 4 lžíce limetkové šťávy

- 3 lžíce rybí omáčky

- 1 lžíce cukru

- 1 hrst snítek koriandru

- 1 1/2 kg Filet z čerstvého lososa s/on b/out

- 1 sklenice lososových jiker (kaviár)

- 3/4 okurky oloupané, podélně rozpůlené, zbavené semínek a nakrájené na tenké plátky

Pokyny

a) Předehřejte troubu na 200 °C, ale nakrájenou okurku v keramické misce se solí odstavte na 30 minut a nechte ji naložit.

b) Šalotky dejte do malé zapékací mísy, přidejte sojový olej, dobře promíchejte a vložte do trouby na 30 minut, dokud nezměknou a nezhnědnou.

c) Vyjměte z trouby a nechte vychladnout, mezitím osolenou okurku dobře omyjte pod velkým množstvím studené tekoucí vody, poté ji po hrstech vyždímejte a dejte do mísy.

d) Předehřejte gril v troubě na hodně horko, šalotku rozpůlte a přidejte k okurce.

e) Přidejte rajčata, chilli, limetkovou šťávu, rybí omáčku, cukr, snítky koriandru a sezamový olej a dobře promíchejte.

f) Ochutnejte – podle potřeby dochuťte cukrem a limetkovou šťávou – odložte.

g) Lososa položte na naolejovaný pečicí papír, potřete vršek lososa sójovým olejem, ochuťte solí a pepřem, dejte na 10 minut pod gril nebo dokud nebude uvařený a lehce zhnědlý.

h) Vyjměte z trouby, přesuňte na talíř, posypte směsí rajčat a okurek a lžícemi lososových jiker.

i) Podávejte s klínky limetky a rýží

85. Steaky z lososa na grilu z ančovičky

Výtěžek: 4 porce

Přísada

- 4 steaky z lososa

- Snítky petrželky

- Plátky citronu ---sardelové máslo-----

- 6 filet z ančoviček

- 2 lžíce mléka

- 6 lžic másla

- 1 kapka omáčky Tabasco

- Pepř

Pokyny

a) Předehřejte gril na vysokou teplotu. Grilovací rošt namažte olejem a položte každý steak, aby byl zajištěn rovnoměrný ohřev. Na každý steak položte malý knoflík sardelového másla (čtvrtinu směsi rozdělte na čtyři). Grilujte 4 minuty.

b) Otočte steaky s plátkem ryby a mezi steaky dejte další čtvrtinu másla. Grilujeme z druhé strany 4 minuty. Snižte teplotu a nechte vařit další 3 minuty, méně, pokud jsou steaky tenké.

c) Podávejte s úhledně naaranžovaným plátkem sardelového másla navrch každého steaku.

d) Ozdobte snítkou petrželky a kolečky citronu.

e) Sardelové máslo: Všechny filety sardel namočíme do mléka. Vařečkou rozmačkejte v misce do krémova. Všechny ingredience smícháme dohromady a vychladíme.

f) Slouží 4.

86. BBQ kouřově grilovaný losos

Výtěžek: 4 porce

Přísada

- 1 lžička nastrouhaná kůra z limetky

- ¼ šálku limetkové šťávy

- 1 lžíce rostlinného oleje

- 1 lžička dijonské hořčice

- 1 špetka pepře

- 4 steaky z lososa, 1 palec tlusté [1-1/2 lb.]

- ⅓šálek Opékané sezamové semínko

Pokyny

a) V mělké misce smíchejte kůru a šťávu z limetky, olej, hořčici a pepř; přidat ryby, přeměnit na kabát. Zakryjte a marinujte při pokojové teplotě po dobu 30 minut, občas otočte.

b) Rezervovat marinádu, odstranit ryby; posypeme sezamovým semínkem.

Umístěte na vymaštěný gril přímo na střední teplotu. Přidejte namočené dřevěné třísky.

c) Přikryjte a vařte, v polovině obracení a podlévání marinádou po dobu 16–20 minut, nebo dokud se ryba nebude při testování vidličkou snadno loupat.

87. Losos grilovaný na dřevěném uhlí a černé fazole

Výtěžek: 4 porce

Přísada

- ½ libry černých fazolí; promočený

- 1 malá cibule; sekaný

- 1 malá mrkev

- ½ celerového žebra

- 2 unce šunky; sekaný

- 2 papričky Jalapeno; odstopkované a nakrájené na kostičky

- 1 stroužek česneku

- 1 bobkový list; svázaný s

- 3 snítky tymiánu

- 5 šálků vody

- 2 stroužky česneku; mletý

- ½ lžičky vloček pálivé papriky

- ½ citronu; odšťavněný

- 1 citron; odšťavněný

- ⅓šálek Olivový olej

- 2 lžíce čerstvé bazalky; sekaný

- 24 uncí steaky z lososa

Pokyny

a) Smíchejte ve velkém hrnci fazole, cibuli, mrkev, celer, šunku, jalapenos, celý stroužek česneku, bobkový list s tymiánem a vodu. Vařte, dokud fazole nezměknou, asi 2 hodiny, podle potřeby přidejte další vodu, aby fazole zůstaly zakryté.

b) Vyjměte mrkev, celer, bylinky a česnek a slijte zbývající tekutinu z vaření. Fazole promíchejte s nasekaným česnekem, feferonkami a šťávou z $\frac{1}{2}$ citronu. Dát stranou.

c) Zatímco se fazole vaří, smíchejte šťávu z celého citronu, olivový olej a lístky bazalky. Nalijte na steaky z lososa a dejte na 1 hodinu do lednice. Lososa grilujte na středně vysokém plameni 4–5

minut z každé strany a každou minutu
podlévejte trochou marinády. Každý
steak podávejte s porcí fazolí.

88. Firecracker grilovaný aljašský losos

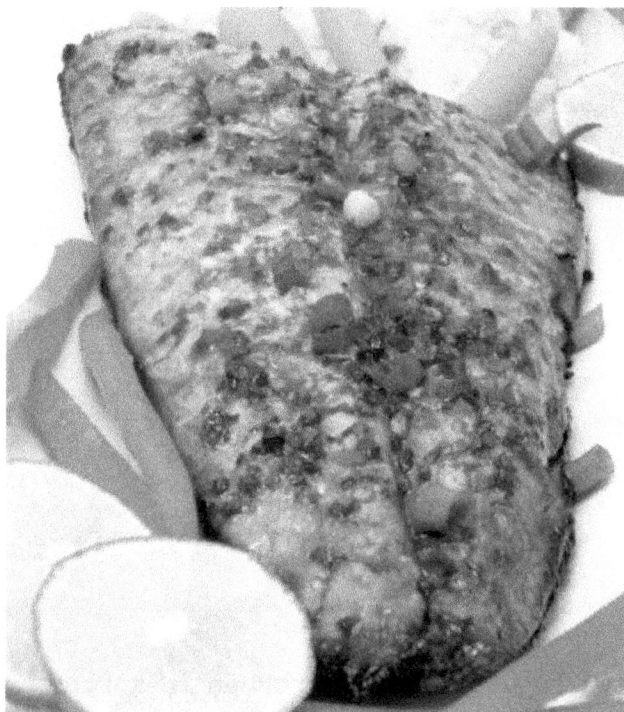

Výtěžek: 4 porce

Přísada

- 4 6 oz. steaky z lososa

- $\frac{1}{4}$ šálku arašídového oleje

- 2 lžíce sójové omáčky

- 2 lžíce balzamikového octa

- 2 lžíce nakrájené jarní cibulky

- 1$\frac{1}{2}$ lžičky hnědého cukru

- 1 stroužek česneku, mletý

- $\frac{3}{4}$ čajové lžičky nastrouhaného kořene čerstvého zázvoru

- $\frac{1}{2}$ lžičky červených chilských vloček nebo více

- Chuť

- $\frac{1}{2}$ lžičky sezamového oleje

- $\frac{1}{8}$ lžičky soli

Pokyny

a) Vložte steaky z lososa do skleněné misky. Zbylé ingredience prošlehejte a nalijte na lososa.

b) Zakryjte plastovým obalem a marinujte v lednici 4 až 6 hodin. Rozpalte gril. Lososa vyjmeme z marinády, gril potřeme olejem a lososa položíme na gril.

c) Grilujte na středním ohni po dobu 10 minut na palec tloušťky, měřeno v nejtlustší části, v polovině vaření otočte, nebo dokud se ryba při testování vidličkou neloupe.

89. Flash grilovaný losos

Výtěžek: 1 porce

Přísada

- 3 unce lososa

- 1 lžíce olivového oleje

- ½ citronu; šťáva z

- 1 lžička pažitky

- 1 lžička petrželky

- 1 lžička čerstvě mletého pepře

- 1 lžíce sójové omáčky

- 1 lžíce javorového sirupu

- 4 žloutky

- ¼ pinty Rybí vývar

- ¼ pinty bílého vína

- 125 mililitrů Dvojitá smetana

- Pažitka

- Petržel

Pokyny

a) Lososa nakrájejte na tenké plátky a vložte do nádoby s olivovým olejem, javorovým sirupem, sójovou omáčkou, pepřem a citronovou šťávou na 10–20 minut.

b) Sabayon: Rozšlehejte vejce nad bain marie. Na pánvi zredukujte bílé víno a rybí vývar. Směs přidáme k bílkům a ušleháme. Přilijeme smetanu, stále šleháme.

c) Na servírovací talíř položte tenké plátky lososa a pokapejte trochou sabayonu. Umístěte pod gril pouze na 2-3 minuty.

d) Vyjmeme a ihned podáváme s posypem pažitky a petrželky.

e)

90. Grilovaný losos a těstoviny s chobotnicí

Výtěžek: 1 porce

Přísada

- 4 200 g; (7-8 uncí) kousky filetu z lososa

- Sůl a pepř

- 20 mililitrů rostlinného oleje; (3/4 oz)

- Olivový olej na smažení

- 3 Jemně nakrájené stroužky česneku

- 3 Jemně nakrájená rajčata

- 1 Jarní cibulka nakrájená nadrobno

- Koření

- 1 brokolice

Pokyny

a) Těstoviny: můžete si koupit sáčky s inkoustem z chobotnic u dobrého obchodníka s rybami ... nebo použít své oblíbené těstoviny

b) Předehřejte troubu na 240°C/475°F/plyn značka 9.

c) Kousky filetu lososa osolte a opepřete. Rozehřejte nepřilnavou pánev a poté přidejte olej. Vložte lososa do pánve a opékejte z každé strany 30 sekund.

d) Rybu přendejte na pečicí plech a pečte 6–8 minut, dokud se ryba neloupe, ale uprostřed je stále trochu růžová. Nechte 2 minuty odpočinout.

e) Rybu přendejte na teplé talíře a lžičkou přelijte omáčku.

f) Brokolici vaříme s těstovinami asi 5 minut.

g) Na pánev nalijte trochu oleje, přidejte česnek, rajčata a jarní cibulku. Smažte na mírném ohni 5 minut, na poslední chvíli přidejte brokolici.

91. Losos s grilovanou cibulkou

VYDÁ 8 AŽ 10 PORCÍ

Ingredience

- 2 hrnky třísek z tvrdého dřeva namočených ve vodě
- 1 velký boční chovaný norský losos (asi 3 libry), odstraněné špendlíkové kosti
- 3 šálky Smoking Brine, vyrobené s vodkou
- $\frac{3}{4}$ šálek Smoking Rub
- 1 polévková lžíce sušeného kopru
- 1 lžička cibulového prášku
- 2 velké červené cibule, nakrájené na kolečka silná palec
- $\frac{3}{4}$ šálku extra panenského olivového oleje
  1 svazek čerstvého kopru
- Jemně nastrouhaná kůra z 1 citronu 1 stroužku česneku, nasekaná
- Hrubá sůl a mletý černý pepř

Pokyny

a) Vložte lososa do jumbo (2galonového) sáčku na zip. Pokud máte pouze 1-galonové sáčky, nakrájejte rybu na polovinu a použijte dva sáčky. Přidejte solný roztok do sáčku (sáčků), vytlačte vzduch a uzavřete. Dejte na 3 až 4 hodiny do lednice.

b) Vše kromě 1 polévkové lžíce smíchejte se sušeným koprem a cibulovým práškem a dejte stranou. Plátky cibule namočíme do ledové vody. Rozpalte gril na nepřímé nízké teplo, asi 225 iF, s kouřem. Dřevěné třísky sceďte a přidejte na gril.

c) Lososa vyjměte z nálevu a osušte papírovou utěrkou. Solný roztok zlikvidujte. Rybu potřeme 1 lžící oleje a masitou stranu potřeme třem, ve kterém je zaschlý kopr.

d) Vyjměte cibuli z ledové vody a osušte. Potřete 1 lžící oleje a potřete zbylou 1 lžící potřete. Rybu a cibuli dejte na 15 minut odpočinout.

e) Grilovací rošt potřeme a dobře potřeme olejem. Lososa položte masem dolů přímo na oheň a grilujte 5 minut, dokud povrch nezezlátne. Pomocí velké rybí stěrky nebo dvou běžných stěrek otočte rybu kůží dolů a položte na grilovací rošt mimo oheň. Plátky cibule dejte přímo nad oheň.

f) Zavřete gril a vařte, dokud nebude losos zvenčí pevný, ale ne suchý a pružný ve středu, asi 25 minut. Až budete hotovi, při jemném přitlačení ryby pronikne přes povrch vlhkost. Pod tlakem by se nemělo úplně odlupovat.

g) Během doby vaření cibuli jednou obraťte.

h)

92. Losos z cedrových prken

Podává: 6

Ingredience

- 1 neošetřené cedrové prkno (asi 14" x 17" x 1/2")
- 1/2 šálku italského dresingu
- 1/4 šálku nakrájeného slunce-sušená rajčata
- 1/4 šálku nasekané čerstvé bazalky
- 1 (2-libra) filet z lososa (1 palec silný), stažená kůže

Pokyny

a) Cedrové prkno zcela ponořte do vody a položte na něj závaží, aby bylo zcela zakryté. Namočte alespoň 1 hodinu.

b) Předehřejte gril na střední stupeň-vysoké teplo.

c) V malé misce smícháme dresink, slunce-sušená rajčata a bazalka; dát stranou.

d) Vyjměte prkno z vody. Umístěte lososa na prkno; položte na gril a zavřete víko. Grilujte 10 minut a poté lososa potřete dresinkem. Zavřete víko a grilujte dalších 10 minut, nebo dokud se losos vidličkou snadno nerozlouskne.

93. Losos s uzeným česnekem

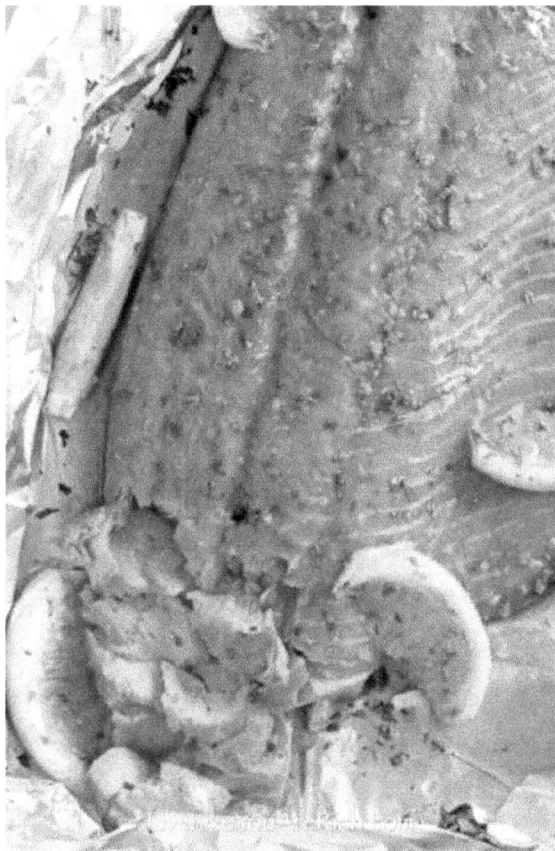

Slouží 4

Ingredience

- 1 1/2 libry filet z lososa
- sůl a pepř podle chuti 3 stroužky česneku, mleté
- 1 snítka čerstvého kopru, nasekané 5 plátků citronu
- 5 snítek čerstvého kopru
- 2 zelené cibule, nakrájené

Pokyny

a) Připravte udírnu na 250 ° F.

b) Nastříkejte dva velké kusy hliníkové fólie sprejem na vaření.

c) Umístěte filet z lososa na jeden kus fólie. Lososa posypeme solí, pepřem, česnekem a nasekaným koprem. Na filé položte plátky citronu a na každý plátek citronu položte snítku kopru. Posypte filé zelenou cibulkou.

d) Udit asi 45 minut.

94.   Grilovaný losos s čerstvou broskví

Porce: 6 porcí

Ingredience

- 6 filetů z lososa o tloušťce 1 palec

- 1 velká konzerva nakrájené broskve,
  světlý sirup

- 2 polévkové lžíce bílého cukru

- 2 polévkové lžíce světlé sójové omáčky

- 2 polévkové lžíce dijonské hořčice

- 2 polévkové lžíce nesoleného másla

- 1 1-palcový knoflík čerstvého zázvoru,
  nastrouhaný

- 1 polévková lžíce olivového oleje, extra
  panenský druh

- Sůl a pepř na dochucení

- Čerstvě nasekaný koriandr

Pokyny:

a) Sceďte nakrájené broskve a nechte si asi 2 polévkové lžíce světlého sirupu. Broskve nakrájíme na kousky velikosti sousta.

b) Filety lososa vložte do velké zapékací mísy.

c) Do středního hrnce přidejte odložený broskvový sirup, bílý cukr, sójovou omáčku, dijonskou hořčici, máslo, olivový olej a zázvor. Pokračujte v míchání na mírném ohni, dokud směs trochu nezhoustne. Podle chuti osolíme a opepříme.

d) Vypněte oheň a část směsi rozprostřete do filetů lososa pomocí štětce.

e) Do kastrolu přidejte nakrájené broskve a důkladně je potřete polevou. Glazované broskve nalijte na lososa a rovnoměrně rozprostřete.

f) Lososa pečte asi 10-15 minut při 420F. Lososa pečlivě sledujte, aby se pokrm nepřipálil.

g) Před podáváním posypte trochou čerstvě nasekaného koriandru.

95. Uzený losos a smetanový sýr na toastu

Porce: 5 porcí

Ingredience

- 8 plátků francouzské bagety nebo žitného chleba

- ½ šálku smetanového sýra, změkčeného

- 2 polévkové lžíce bílé cibule, nakrájené na tenké plátky

- 1 šálek uzeného lososa, nakrájeného na plátky

- ¼ šálku másla, nesolené odrůdy

- ½ lžičky italského koření

- Listy kopru, jemně nasekané

- Sůl a pepř na dochucení

Pokyny:

a) V malé pánvi rozpustíme máslo a postupně přidáváme italské koření. Směs rozetřete na plátky chleba.

b) Opékejte je několik minut pomocí toustovače.

c) Na toastový chléb namažte trochu smetanového sýra. Poté poklaďte uzeným lososem a tenkými plátky červené cibule. Postup opakujte, dokud nespotřebujete všechny plátky toastového chleba.

d) Přendejte na servírovací talíř a navrch ozdobte jemně nasekanými lístky kopru.

96. Zázvorový grilovaný lososový salát

Výtěžek: 4 porce

Ingredience

- ¼ šálku odtučněného bílého jogurtu

- 2 polévkové lžíce Jemně nakrájeného čerstvého zázvoru

- 2 stroužky česneku, nasekané nadrobno

- 2 lžíce čerstvé limetkové šťávy

- 1 lžíce čerstvě nastrouhané limetkové kůry

- 1 lžíce medu

- 1 lžíce řepkového oleje

- ½ lžičky soli

- ½ lžičky čerstvě mletého černého pepře

- 1¼ libry Filet z lososa, 1 palec tlustý, nakrájený na 4 kusy, s kůží, zbavené špendlíkových kostí

- Salát s řeřichou a nakládaným zázvorem

- Klínky limetky na ozdobu

Pokyny:

a) V malé misce prošlehejte jogurt, zázvor, česnek, limetkovou šťávu, limetkovou kůru, med, olej, sůl a pepř.

b) Lososa dejte do mělké skleněné misky a zalijte marinádou a otočte lososa, aby se obalil ze všech stran. Zakryjte a marinujte v lednici 20 až 30 minut, jednou nebo dvakrát obraťte.

c) Mezitím si připravte oheň na dřevěné uhlí nebo předehřejte plynový gril. (Nepoužívejte grilovací pánev, losos se přilepí.) 3. Grilovacím kartáčem s dlouhou rukojetí potřete grilovací rošt olejem.

d) Lososa položte na gril kůží nahoru. Vařte 5 minut. Pomocí 2 kovových špachtle opatrně otočte kousky lososa a vařte jen do zmatnění uprostřed, o 4 až 6 minut déle. 2 špachtlemi vyjměte lososa z grilu. Sundejte z kůže.

e) Salát z řeřichy promícháme s dresinkem a rozdělíme na 4 talíře. Navrch dejte kousek grilovaného lososa. Ozdobte měsíčky limetky. Ihned podávejte.

97. Grilovaný losos s fenyklovým salátem

Výtěžek: 2 porce

Přísada

- 2 140 g filetů z lososa

- 1 cibule fenyklu; jemně nakrájené

- ½ hrušky; jemně nakrájené

- Pár kousků vlašských ořechů

- 1 špetka drceného semínka kardamomu

- 1 pomeranč; segmentovaná, šťáva

- 1 svazek koriandru; sekaný

- 50 gramů Light fromage fris

- 1 špetka práškové skořice

- Vločková kamenná sůl a mletý černý pepř

Pokyny:

a) Lososa osolíme, opepříme a grilujeme pod grilem.

b) Hrušku smícháme s fenyklem a dochutíme velkým množstvím černého pepře, kardamomu a vlašských ořechů.

c) Pomerančovou šťávu a kůru smíchejte s tvarohem a přidejte trochu skořice. Doprostřed talíře položte hromádku fenyklu a navrch zašněrujte lososa. Vnější stranu talíře ozdobte plátky pomeranče a pokapejte pomerančovou omáčkou.

d) Fenykl snižuje toxinové účinky alkoholu v těle a je dobrý pro trávení.

98. Grilovaný losos s bramborem a řeřichou

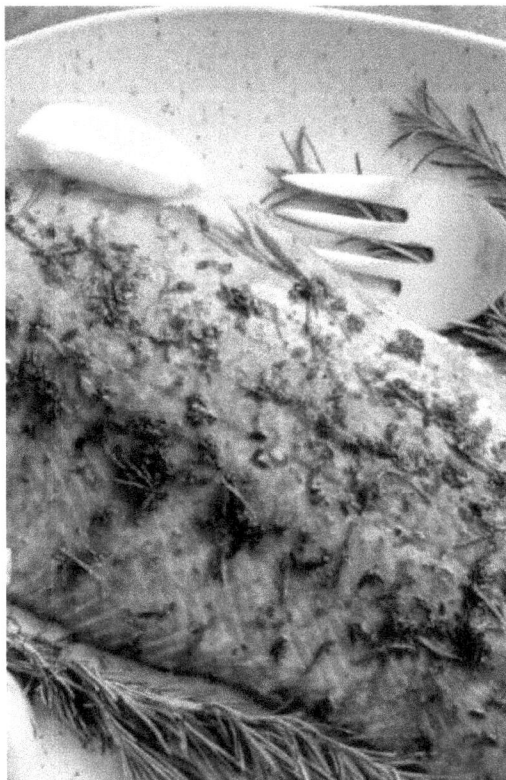

Výtěžek: 6 porcí

Přísada

- 3 libry Malý červený s tenkou kůží

- Brambory

- 1 šálek na tenké plátky nakrájené červené cibule

- 1 šálek ochuceného rýžového octa

- Asi 1/2 kila řeřichy

- Opláchnuté a nakřupané

- 1 filet z lososa, asi 2 libry.

- 1 lžíce sójové omáčky

- 1 lžíce Pevně zabaleného hnědého cukru

- 2 šálky dřevěných třísek z olše nebo mesquitu

- Namočené ve vodě

- Sůl

Pokyny:

a) V 5- až 6-litrové pánvi přiveďte k varu na vysoké teplotě asi 2 litry vody; přidat brambory. Přikryjte a vařte na mírném ohni, dokud brambory po propíchnutí nezměknou, 15 až 20 minut. Sceďte a vychlaďte.

b) Cibuli namočte asi na 15 minut do studené vody, aby byla pokrytá. Slijte a smíchejte cibuli s rýžovým octem. Brambory nakrájejte na čtvrtky; přidat k cibuli.

c) Odřízněte křehké snítky řeřichy ze stonků, poté jemně nasekejte tolik stonků chodu, aby vznikl $\frac{1}{2}$ šálku (přebytečné vyhoďte nebo si je uložte na jiné použití). Smíchejte nakrájené stonky na velkém oválném talíři s bramborovým salátem; přikryjeme a uchováme v chladu. Lososa opláchněte a osušte. Umístěte kůží dolů na kus těžké fólie. Odřízněte fólii tak, aby sledovala obrysy ryby, ponechte okraj 1 palce.

d) Zamačkejte okraje fólie tak, aby se přiléhaly k okraji ryby. Smícháme sójovou omáčku s hnědým cukrem a natřeme na filet z lososa.

e) Rybu pokládejte na střed grilu, ne přes uhlí nebo plamen. Zakryjte gril (otevřené otvory pro dřevěné uhlí) a vařte, dokud ryba nebude v nejtlustší části téměř neprůhledná (nařízněte na zkoušku), 15 až 20 minut. Přeneste ryby na talíř se salátem. Podle chuti dosolíme. Podávejte teplé nebo studené.

MEČOUN

99.   Mandarinský sezamový mečoun

Podává: 4

Přísada

- 1/2 šálku čerstvé pomerančové šťávy
- 2 lžíce sójové omáčky
- 2 lžičky sezamového oleje
- 2 lžičky nastrouhaného čerstvého zázvoru
- 4 (6-unce) steaky z mečouna
- 1 (11-unce) plechovka mandarinek, okapaných
- 1 lžíce sezamových semínek, opražených

Pokyny

a) Ve velkém uzavíratelném plastovém sáčku smíchejte pomerančový džus, sójovou omáčku, sezamový olej a zázvor; přidejte rybu, uzavřete sáček a marinujte v lednici po dobu 30 minut. Rybu vyjmeme z marinády, marinádu si poneháme.

b) Předehřejte gril na střední stupeň-vysoké teplo.

c) Umístěte ryby na naolejovaný grilovací rošt. Rybu grilujte 6 až 7 minut z každé strany, nebo dokud se vidličkou snadno nerozlousknou.

d) Mezitím dejte vyhrazenou marinádu do hrnce a přiveďte k varu na vysoké teplotě. Necháme vařit do zredukování a zhoustnutí. Přidejte mandarinky a zalijte mečounem.

e) Posypeme sezamovými semínky a podáváme.

100. Pikantní steaky z mečouna

Přísada

- 4 (4 unce) steaky z mečouna
- 1/4 lžičky Cayenne, tymián a oregano
- 2 polévkové lžíce Paprika
- 2 polévkové lžíce margarínu nebo másla (rozpuštěného)
- 1/2 lžičky soli, pepře, cibule a česnekového prášku

Pokyny

a) Jako předkrm nakrájejte steaky z mečouna na malé proužky. Na jídlo nechte steaky z mečouna celé.
Smíchejte všechna období dohromady.
Rybu namáčíme v rozpuštěném másle.
Obě strany potřete kořením. Umístěte na gril.

b) Vařte přibližně 4 minuty; otočte a vařte ještě asi 4 minuty, nebo dokud ryba není pevná a šupinatá. Vyrobí 4 porce.

ZÁVĚR

Mořské plody jsou jednou z vysoce obchodovaných potravin, které poskytují základní místní potraviny a mají hlavní podíl v ekonomice mnoha zemí. Finfish a měkkýši jsou dvě hlavní třídy ryb, které zahrnují bílé ryby, ryby bohaté na olej, měkkýši a korýši.

Mořské plody jsou považovány za vynikající zdroj různých nutričních sloučenin, jako jsou bílkoviny, zdravé tuky (polynenasycené mastné kyseliny zejména omega-3 a omega-6), jód, vitamín D, vápník atd. a tyto sloučeniny mají preventivní účinky na mnoho srdečních onemocnění. a autoimunitní poruchy.